監修者――五味文彦／佐藤信／高埜利彦／宮地正人／吉田伸之

［カバー表写真］
硫黄島

［カバー裏写真］
民家の石垣に利用される硫黄
（硫黄島）

［扉写真］
帆走するジャンク

日本史リブレット 75

日宋貿易と「硫黄の道」

Yamauchi Shinji
山内晋次

目次

「硫黄」への注目

十世紀初めの唐《とう》の滅亡以後、中国は五代十国《ごだいじっこく》と呼ばれる諸王朝分立の時代にはいった。そして、その動乱のなかから勝ち上がり、同世紀の後半に中国主要部の再統一を達成したのが宋《そう》(九六〇～一二七九年)であった。この宋は軍事的に、周囲の遼《りょう》▲・金《きん》▲・西夏《せいか》▲などにつねに圧倒され、一一二七年には金の侵寇《しんこう》により一度滅亡し(北宋《ほくそう》)、南に逃げ延びた一部の皇族により現在の浙江省杭州《せっこうしょうこうしゅう》を都《みやこ》として王朝が再興された(南宋《なんそう》)。

このように軍事的には弱体の宋であったが、国内経済の面では農業や手工業の生産が大きく発展し、それにともない国内の商業流通も著しく活発化するとともに、各地で都市化が進展した。そして、このような国内の経済発展を基盤

▼**遼**　契丹《きったん》族により建てられた王朝。満洲《まんしゅう》・モンゴリアと華北《かほく》の一部を支配。太祖耶律阿保機《たいそやりつあぼき》が九一六年に皇帝として即位し、王朝を開創。当初、宋ともしばしば戦闘を繰り広げたが、一〇〇四年の澶淵《せんえん》の盟《めい》の締結後は平和な関係を保った。一一二五年に女真《じょしん》により滅ぼされた。

▼**金**　女真族が建てた王朝。満洲・華北を支配。一一一五年、太祖ワンヤンアクダ(完顔阿骨打)が皇帝に即位し、国号《こくごう》を金と定めた。一一二五年には遼を滅ぼし、二七年には北宋を滅亡させた。一一四二年には、南宋とのあいだで秦嶺《しんれい》～淮水《わいすい》のラインを国境として確定した。一二三四年、モンゴルと南宋の攻撃により滅亡した。

▼**西夏**　タングート族の王朝。現在の中国寧夏回族《ねいかかいぞく》自治区銀川《ぎんせん》を中心とする地域。一〇三八年に李《り》元昊《げんこう》が大夏《たいか》皇帝と称して建国。独自の西夏文字を創出。

として、対外交易も大きく伸びていった。この宋代の対外交易の発展は、東南アジア・西アジア方面との海上交易を幹線とするものであったが、その支線の一つとして、日本との海上交易も活発化していった。これがいわゆる「日宋貿易」である。

本書では、この日宋貿易における日本からの輸出品の一つである「硫黄」という具体的なモノを素材として、その流通過程を考察することにより、平安《へいあん》・鎌《かま》倉《くら》時代の日本と同時代のアジア諸地域との歴史的なつながりを、できるだけ広い視野から描きだしてみたい。では、なぜ「硫黄」に注目するのか。それは以下のような理由による。

通説的な日宋貿易史の理解において、日本から宋への主要輸出品としてまずあげられるのは、金(砂金《さきん》)であろう。現在、高校で使用されているいくつかの日本史教科書や日本史用語集をみても、日本からの主要輸出品として、「金・水銀・真珠」「砂金・硫黄・刀剣・真珠・水銀」「金・真珠・水銀・硫黄・材木・螺鈿《らでん》・蒔絵《まきえ》・日本扇《おおぎ》・刀剣」「砂金・硫黄・木材・刀剣・扇・漆器《しっき》・蒔絵・真珠・水銀・螺鈿・屏風《びょうぶ》」などのように、いずれも最初に金(砂金)があげられている。
しかし、すでに拙著『奈良平安期の日本とアジア』のなかで指摘したように、日宋貿易における日本からの輸出品として金を最重要視してよいのか、いくつかの点からしてはなはだ疑問である。その疑問点とは、たとえば、中国で日本産の金がとくに注目されるようになるのは、文献史料の記述からみるかぎり南宋期以降であり、従来の通説的理解のように唐末・北宋期も含めて超時代的に日本金の中国への大量流入という歴史像が描けるのか、という疑問がある。そしてさらにいえば、南宋期以降に関しても、日本金の流入量を過大に見積もってきたのではないかと考えられる。

これまでの日本金の輸出状況のイメージとして、ともすれば、宋海商《かいしょう》の貿易船の船倉に日本金が大量に詰め込まれていた、というようなものが描かれているように思われる。しかし、このような輸出状況は現実的にはありえない。

というのも、まず、十世紀中期の天暦《てんりゃく》年間(九四七~九五七)に陸奥国司《むつこくし》から朝廷《ちょうてい》に貢納された年料金《ねんりょうきん》の総額が三〇〇〇両余り(一両＝約三七・五グラムで計算すると一一〇キロほど)であったという史料(『小右記《しょうゆうき》』▲長元《ちょうげん》五〈一〇三二〉年八月

▼『小右記』　右《う》大臣藤原実資《ふじわらのさねすけ》(九五七~一〇四六年)の日記。残存する記事から、少なくとも九七七~一〇四〇年ごろの執筆が確認できる。藤原道長《みちなが》・頼通《よりみち》父子を中心とする摂関《せっかん》政治盛期の記録として重要。また、日宋貿易の細部をものがたる貴重な記事も多い。

二十五日条)などからみて、宋海商の貿易船の船倉を十分に満たすほどの量の金など、日本では産出不可能であろう。そもそも、現在までに人類が採掘した金の総量が約一四万トン、オリンピックの競泳用プール二杯〜三杯弱ほどという試算もなされているのである(三菱マテリアル株式会社、GOLD PARK「金を知る」http://www.mmc.co.jp/gold/knowledge/index.html)。

これらの数字からみても、いまだ鉱石から金を取りだす技術をもたず、砂金の採集に頼っていた平安・鎌倉時代の日本における金の産出量が、かなり多く見積もっても年間で数百キロ程度であったと推測するのは、さほどまちがっていないのではなかろうか。そうするともちろん、日本産の金で連年来航する宋商船の船倉を満たし続けることなどできないであろう。

ちなみに、日宋貿易の時代の貿易船がどのような形態のものであったのか、具体的にはあまりわかっていない。ただ、中国の泉州沈船《せんしゅうちんせん》▲(十三世紀後半)や韓国の新安《しんあん》沈船▲(十四世紀前半)などの実際に東南アジア・東アジア海域で活躍していた沈船の事例からみて、日宋貿易に利用されていた貿易船は一般的に、これらと同様な中国の尖底《せんてい》ジャンク型のもので、船長三〇メートル前後、船幅

▼泉州沈船　中国福建《ふっけん》省泉州の后渚《こうしょ》港で、一九七四年に発見された沈船。全長約二四メートル、幅約九メートルのジャンク船の船底部分が発掘された。同時に発見された銅銭・木簡《もっかん》や大量の香木・香料などの遺物から、十三世紀後半に南海貿易から帰港した際に沈没したと推定されている。船体と遺物は現在、泉州開元寺《かいげんじ》の境内にある、海外交通史博物館の別館「泉州湾古船陳列館」でみることができる。

▼新安沈船　韓国全羅南道《ぜんらなんどう》新安郡の道徳島《どうとくとう》沖で、一九七六年に発見された沈船。船底の一部をはじめ、陶磁器・銅銭・木材など大量の遺物が海底から引き揚げられた。本来は、全長約二九メートル、幅約一〇メートルのジャンク・タイプの貿易船と推定される。同時に発見された木簡などから、一三二三年に、現在の中国・寧波から日本の博多《はかた》をめざして航行中に沈没

したと考えられている。船体は現在、木浦《もっぽ》の国立海洋文化財研究所に展示されている。また、そのほかの遺物は、同研究所とソウルの国立中央博物館でみることができる。

●──泉州沈船

●──泉州・新安の位置

●──現在の后渚港

八～一〇メートル前後の船であったと推測される。

とくに、後者の新安沈船は、十四世紀前半のいわゆる「日元《にちげん》貿易」に使われていた実物であると考えられており、一般的にはほぼこの程度の船が使用されていたと推測しても、さほど的はずれではないと思われる。私は以前、この二つの沈船を現地の展示施設で見学したが、その展示スペースの大きさはどちらも、小ぶりな体育館ほどもある。そうするとますます、この大きさの貿易船の船倉を日本金で満たすことなど不可能である。

また、日本から中国への帰路を考えた場合、当然空船では安定した航行を行うことができない。そのために、ある程度、船の喫水線《きっすいせん》をさげて船体バランスを安定させるために、重量のある底荷《そこに》（バラスト）が必要になる。上述の新安沈船からは、約二八トン（約八〇〇万枚）もの銅銭《どうせん》が発見されているが、これなどはまさにその底荷の一部であろう。そうすると、日本から中国への帰航にあたって、日本金をたとえ数百キロ積載したとしても、それのみでは当然、船の安定を保つための底荷とはなりえない。

ちなみに、近年、大阪で江戸時代中期の菱垣廻船《ひがきかいせん》▲が復元され、「浪華丸《なにわまる》」と命

▼**菱垣廻船**　江戸時代に上方《かみがた》から江戸に商品を輸送した大型帆船。船の構造による分類では、弁才船《べざいせん》と呼ばれる一枚帆の木造和船の一つ。「菱垣」の名称は、船の側面の菱組格子《ひしぐみこうし》に由来する。

●──新安沈船

●──新安沈船の沈没海域

●──新安沈船から発見された銅銭

名された。この船は、全長約三〇メートル、幅約九メートルの大型和船であり、先述の泉州沈船や新安沈船とほぼ同じ大きさである。この帆船は、完成後、大阪湾で航行実験が行われたが、そのとき安定航行を維持するために積載されたバラスト重量は五六トンであり、これはそのときの船の総重量の三八％に相当する。つまり、つねにこれくらいの大量の底荷を積んでいないと、船は安全に航行できないのである。そうすると、この底荷という観点からみても、従来の日本金の輸出状況のイメージはあやまっているといわざるをえない。

　さらに疑問点を述べれば、日本金の大量流出イメージにきわめて有力な傍証をあたえてきた史料として、マルコ＝ポーロ『東方見聞録《とうほうけんぶんろく》』にみえる「黄金の国・ジパング」の記録がある。しかし、この記録についても、「この国へは大陸から誰も行った者がない。商人でさえ訪れないから、豊富なこの黄金はかつて一度も国外に持ち出されなかった」（平凡社東洋文庫本、一三〇ページ）というような記述を読むと、日本の金を大量に積み込んだ中国商船が盛んに往来していたというような歴史像はとても描けない。

　ましてや、一部で主張されている、このジパングの記事にみえる国王の黄金

●──帆走実験中の浪華丸

宮殿を平泉《ひらいずみ》の中尊寺《ちゅうそんじ》金色堂《こんじきどう》に比定する説など、はなはだ無理のある推測であろう。私は、この黄金宮殿情報はむしろ、十四世紀前半のイタリア人修道士オドリコ▲の記録にみえる、ジャワ島の国王の黄金宮殿情報が紛れ込んでいるのではないかと推測している。

もちろん、日宋貿易を通じて日本産の金が中国に流入していたのは事実であり、宋代史料のなかに日本からの金の流入を記録するものは複数存在する。しかし、十三世紀半ばの中国明州《めい》(現在の浙江省寧波《にんぽう》)の地方志『開慶四明続志《かいけいしめいぞくし》』▲巻八・「蠲免抽博倭金《けんめんちゅうはくわきん》(日本金の関税免除)」条の「商人が携帯してくる日本産の金(倭金)はおのおの数両にも満たない」などというような記述をみると、従来の日本金の輸出イメージに対してはやはり疑問をいだかざるをえない。

私は、これまで輸出品としての金に注目が集まりすぎ、あるいは過大評価されてきたために、その他の輸出品の個別具体的な研究があまり進まず、日宋貿易のより具体的な実像やその貿易のアジア史あるいは世界史における正確な位置の追求がおろそかになってきたのではないかと考えている。

そこで本書において注目したいのが、上記の教科書などの記述にも登場する

▼**オドリコ**　十四世紀前半に中国を訪れたフランチェスコ派の修道士。往路は東南アジア経由の海路を利用し、復路は中央アジア経由の陸路を通過。元の都大都《だいと》(現在の北京《ペキン》)に三年間滞在した。

▼**『開慶四明続志』**　南宋の梅応《ばいおう》発《はつ》撰。一二巻。一二五九(開慶元)年成立。当時の日宋貿易に関する情報がいくつか記載されている。

「硫黄」なのである。この「硫黄」からどのような日宋貿易をめぐる歴史像がみえてくるのか、以下、アジア各地に残されたさまざまな史料をつきあわせながら、多角的に検討を加えてみたい。

①—硫黄輸出の開始とその背景

硫黄輸出の開始時期

まず、日本産の硫黄がいつごろから中国に輸出されるようになったのか、という問題を考えてみたい。そこでとりあえず、奈良時代〜鎌倉《かまくら》時代初期にあたる、七〇〇〜一二〇〇年ごろの日本・中国・朝鮮史料にみえる日本産硫黄の輸出記事を網羅的に検索していくと、以下のような七例の関連記事がみつかる。

ⓐ【九八八年】『宋史《そうし》』巻四九一・日本国伝

(雍熙《ようき》)二(九八五)年、(奝然《ちょうねん》)▲台州寧海県《たいしゅうねいかい》の商人鄭仁徳《ていじんとく》の船に随いて其の国に帰る。後数年にして仁徳の還るに、奝然、其の弟子嘉因《かいん》を遣わし、表を奉り来りて謝して曰く、……其の本国の永延《えいえん》二年歳次戊子《ぼし》二月八日と称するは、実に端拱《たんきょう》元(九八八)年なり。又別啓《べっけい》もて、……倭画屏風《やまとえびょうぶ》一雙、石流黄《いおう》七百斤(約四二〇キロ)を(太宗《たいそう》に)貢る。

〔九八五年、入宋僧《にっそう》奝然が中国海商《かいしょう》鄭仁徳の貿易船に便乗して帰国した。その三年後の九八八年、鄭仁徳が宋に帰国するにあたって、奝然は弟子の

▼**奝然**　九三八〜一〇一六年。東大寺《とうだいじ》の僧。九八二年、宋海商の船に便乗して弟子とともに入宋し、天台山《てんだいさん》・五台山《ごだいさん》などを巡礼。太宗皇帝にも拝謁し、種々の品物を献上するとともに、日本の風土・地理などの下問《かもん》に答える。九八六年、宋海商の船に便乗して帰国し、多くの仏典・仏像を将来。京都の五台山清凉寺《せいりょうじ》は、奝然の将来した釈迦《しゃか》像を安置して創建された寺院。

嘉因をその船に便乗させ、宋の皇帝太宗に上表文《じょうひょうぶん》をたてまつり、自身が在宋中に太宗から受けた厚遇に感謝の意を表した。そしてこのとき、奝然はさまざまな日本の工芸品などを太宗に献上したが、そのなかに日本産の硫黄が含まれていた。〕

ⓑ【一〇五三〜六四年ごろ】藤原明衡《ふじわらのあきひら》▲『新猿楽記《しんさるがくき》』

八郎真人《はちろうのまひと》は商人の首領《しゅりょう》なり。利を重んじて妻子を知らず。身を念《おも》いて他人を顧みず。一を持《も》て万と成し、壌《つちくれ》を摶《う》ちて金と成す。言を以《も》て他の心を誑《あざ》むき、謀《はかりごと》を以て人の目を抜くの一物《いちぶつ》なり。東は俘囚《ふしゅう》の地に臻《いた》り、西は貴賀之島《きかいがしま》に渡る。交易の物、売買の種《くさ》、称《あ》げて数うべからず。唐物《からもの》は沈《じん》香《こう》・麝香《じゃこう》・衣比《えい》・丁子《ちょうじ》・甘松《かんしょう》……綾《あや》・錦《にしき》・羅《うすもの》・縠《こめ》・呉竹《ごちく》・甘竹《かんちく》・吹玉《ふきだま》等なり。本朝《ほんちょう》の物は緋襟《ひきん》・象眼《しょうがん》……金・銀・阿古夜玉《あこやだま》・夜久貝《やくがい》・水精《すいしょう》・琥珀《こはく》・水銀《みずがね》・流黄……鷲羽《わしのは》・色革《いろかわ》等なり。

〔八郎真人は商人のかしらである。利益を重んじて、妻子のことを考えない。自分のことのみを考え、他人のことを顧みない。一つのものから万のものを生み出し、土くれを金にしてしまう。言葉巧みに他人の心をあざむ

▼**藤原明衡**　?〜一〇六六年。平安中期の貴族・詩人。博学で知られ、漢詩《かんし》・和歌《わか》ともに優れた才能を発揮した。漢詩文集『本朝文粋《ほんちょうもんずい》』、書簡文集『明衡往来《めいこうおうらい》(雲州消息《うんしゅうしょうそく》)』などを編纂。『新猿楽記』は、当時流行していた猿楽興行のようすとそれを見物するさまざまな職業の人びとを描いた文学作品。

き、はかりごとをもって人の目をごまかす。このような傑出した人物である。商売のために、東は東北地方のエミシの地にいたり、西は薩摩《さつま》南方の貴賀之島に渡る。交易する品物・商売のタネは、いちいち数えきれない。取り扱う品物として、中国からの輸入品では、沈香・麝香・衣比・丁子・甘松……綾・錦・羅・縠・呉竹・甘竹・吹玉などがあり、日本の産物では、緋襟・象眼……金・銀・阿久夜玉・夜久貝・水精・琥珀・水銀・流黄……鷲羽・色革などがある。この日本産の商品のなかに流黄＝硫黄がみえる。〕

ⓒ【一〇六九年】成尋《じょうじん》▲『参天台五臺山記《さんてんだいごだいさんき》』巻二・延久《えんきゅう》四（一〇七二）年六月五日条

昨《すぐ》る治平《ちへい》二（一〇六五）年の内、日本国に往きて売買するに、本の国の僧成尋等と相識《あいし》る。（熙寧《きねい》）二（一〇六九）年に至りて、彼の国より留黄《いおう》等を販（販）載し、杭州《こうしゅう》にて抽解《ちゅうかい》▲し貨売す。

〔これは、成尋が宋の杭州（現在の浙江省《せっこうしょう》杭州）に上陸した際に通事《つうじ》（通訳）として雇った陳詠《ちんえい》という中国人が、現地の役所に提出した文書のなかに述べられている自身の経歴である。それによれば、陳詠は成尋の通事となる以前、一〇六五年に貿易のために日本に渡航し、そこで成尋たちとすでに面

▼**成尋**　一〇一一〜八一年。平安中期の天台僧《てんだいそう》。京都の岩倉《いわくら》・大《だい》雲寺《うんじ》の住持。藤原頼通らの護持僧《ごじそう》もつとめた。一〇七二（延久四）年、宋海商の船に便乗して弟子とともに入宋。天台山・五台山などを巡礼し、時の神宗《しんそう》皇帝にも謁見し、善慧大師《ぜんえだいし》の号を賜う。のち北宋の都《みやこ》開封《かいふう》で死去。『参天台五臺山記』は入宋から一年間ほどの出来事を記録した日記。

▼**抽解**　輸入税の課税・徴収。宋代には少量で高価なもの（細《さい》色《しょく》）には一割、大量でかさばり、なおかつさほど高価ではないもの（麤色）には三割の輸入税の徴収が行われた（ただし、時期によって税率の増減あり）。

識ができていた。その後、一〇六九年に帰国し、杭州の役所で課税手続きを行ったうえで、輸入品を販売したという。このとき陳詠が日本から輸入した品物として、留黄＝硫黄がみえる。〕

ⓓ【一〇七二年】成尋『参天台五臺山記』同巻・同日条

（一〇七二年）四月初九日、広《こう》州の客人曽聚《そうしゅう》等有り、日本国より博買し、留黄・水銀等を得て、杭州市舶司《しはくし》に買い来りて抽解す。

〔これは、杭州の市中で客店《きゃくてん》（商人のための宿泊施設・倉庫）を経営する張賓《ちょうひん》が杭州当局に提出した文書の一部である。この史料によれば、一〇七二年四月九日、広州（現在の広東《かんとう》省広州）の海商・曽聚たちが、日本で買い付けた留黄＝硫黄や水銀などに関して、杭州市舶司で課税されたと述べている。ここにも日本産の硫黄がみえる。なお、曽聚は、九州の壁島《かべしま》（現在の佐賀県唐津《からつ》市の加部島）から杭州まで成尋とその弟子を貿易船に便乗させた海商である。〕

ⓔ【一〇八四年】『続資治通鑑長編《ぞくしじつがんちょうへん》』▲巻三四三・元豊《げんぽう》七年二月丁丑《ていちゅう》条

知明州《ちめいしゅう》の馬《ば》琉《しゅうもう》言す、朝旨《ちょうし》に準じ、商人を日本国に募り、硫黄五十万斤（約

▼『続資治通鑑長編』　北宋の太祖から欽宗《きんそう》までの九朝の歴史を記録する歴史書。南宋の李燾《りとう》（一一一五〜八四年）撰。北宋史研究の根本史料。

三〇〇トン)を市《か》い、十万斤毎に一綱と為し、官員を募りて管押《かんおう》せしめんことを乞う、と。之に従《よ》る。

〔一〇八四年二月、明州長官の馬琉が、中央政府に対して、日本産硫黄の大量買付けをめぐる献策を行った。この史料のさらに細かい内容や歴史的背景については、のちに一節を設けて検討する。〕

ⓕ【一〇九三年】『高麗史《こうらいし》』▲巻一〇・宣宗《せんそう》十年七月癸未《きび》条

西海道按察使《さいかいどうあんさつし》奏す、安西都護府《あんせいとごふ》轄下の延平島《えんぺいとう》巡検軍、海船一艘を捕う。載するところ宋人一二・倭人《わじん》一九なり。弓箭《きゅうせん》・刀剣・甲冑《かっちゅう》幷びに水銀・真珠・硫黄・法螺《ほら》等の物有り。必ずやこれ両国の海賊、共に我が辺鄙《へんぴ》を侵さんと欲せしなり。其の兵杖《へいじょう》等の物は請いて官所《かんしょ》に収納せしめ、捕えし海賊は並びに嶺外《れいがい》に配し、其の巡捕せる軍士を賞されんことを、と。之に従る。

〔一〇九三年七月、朝鮮半島西岸の北方に位置する延平島の警備軍が海船一艘を拿捕《だほ》した。その船には、宋人一二人・日本人一九人が乗り込んでおり、各種武器・水銀・真珠・硫黄・法螺貝などの品物を搭載していた。こ

▼『高麗史』　高麗王朝の歴史を記した歴史書。朝鮮王朝の鄭麟趾《ていりんし》ら撰。一四五一年完成。

の船は日宋の海賊が高麗を襲撃しようとしたものと疑われ、武器以下の積荷は政府に没収され、乗組員は配流《はいる》されてしまった。船を拿捕した兵士については褒賞があたえられた。〕

ⓖ【一一四五年】『建炎以来繋年要録《けんえんいらいけいねんようろく》』▲巻一五四・紹興《しょうこう》十五年十一月丁巳《ていし》条

日本国の賈人の琉黄及び布を販《あきな》う者有りて、温《おん》州平陽《へいよう》県僊口港《せんこうこう》に飄泊《ひょうはく》す。舟中の男女凡《すべ》て一九人なり。守臣梁汝嘉《りょうじょか》以聞《いぶん》するに、汝嘉に詔して措置し発遣せしむ。

〔一一四五年十一月、宋の温州のある港に一艘の船が漂着した。その船には、琉黄＝硫黄や麻布を商う日本の商人、男女あわせて一九人が乗り組んでいた。その地域を管轄する官僚が皇帝に報告すると、皇帝はその官僚に措置を命じて、帰国させた。〕

これらの記録をみるとすぐに、ある重要な点に気づくであろう。それは、ⓐの九八八年の記事以前に、日本から中国への硫黄輸出記事がまったくみられないことである。もちろん、この九八八年以前において、日本と中国・朝鮮とのあいだに交渉が行われなかったわけではない。遣隋使《けんずいし》・遣唐使《けんとうし》・遣新羅使《けんしらぎし》・遣《けん》

▼『建炎以来繋年要録』　一一二七〜六二年の高宗皇帝一代の歴史を編年体《へんねんたい》で記した歴史書。南宋の李心伝《りしんでん》撰。一二一〇年ごろ完成。南宋初期の基本史料の一つ。

渤海使《ぼっかいし》などの派遣、あるいはそれらの相手国から日本への遣使、および唐人・新羅人海商の来航など、さまざまなチャンネルを通じて、しばしば交渉が行われている。しかし、比較的多くの史料が残されている遣唐使の周辺にさえ、日本からの硫黄輸出をものがたる記録は残されていない。

とすれば、ⓐの記録は日本産硫黄が輸出された初見記事となり、現存の記録によるかぎり、十世紀末のそのころから日本産硫黄の輸出が開始されたと考えられる。そして、その時期はまさに、日宋貿易が始まった時期と一致しているのである。それではなぜ、この時期から硫黄の輸出が始まるのであろうか。つぎにこの問題を考えてみたい。

宋における硫黄の用途

日本産硫黄の輸出が始まった理由を考えるにあたって、重要なポイントとなるのが、中国における硫黄の用途である。この点に関しては、従来の研究において、いくつかの用途が明らかにされている。それは、(1)炬火《きょか》・燃料、(2)薬品、(3)火薬原料などである。これらの用途のうちで、(1)の用途に関しては、硫黄の発火作用を利用したものであり、現在でも硫黄はマッチの主要原料である。(2)の用途については、いわゆる漢方薬あるいは農薬の原料として、硫黄が重要な成分として利用されている。硫黄は人体にとって必須元素の一つであり、殺菌作用ももっている。薬用鉱物としての硫黄は、古くから中国の本草書《ほんぞうしょ》に記載されている。

ただ、(1)および(2)の用途についてはどちらも、発火剤や薬用成分としてごく微量が必要とされたと考えられ、たとえ中国全体としても、その総量は、わざわざ日本から海を越えて大量の輸入を必要とするほどであったのか、疑問である。また、魏晋南北朝《ぎしんなんぼくちょう》〜北宋《ほくそう》期の中国歴代の本草書に記された硫黄産地をみても、ほとんどが中国内部および内陸アジアであり、後述のように一部に東南アジアから海路でもたらされる硫黄がみえるものの、それらの輸入量は限られたものであったと考えられる。

つぎに、(3)の用途について考えてみよう。そもそも火薬は、中国において、道家《どうか》による練丹術《れんたんじゅつ》のなかで唐代後半に発明されたといわれている。その火薬とは、黒色火薬であり、硝石《しょうせき》・硫黄・木炭粉の混合によりつくられた。そして、宋代になると、火薬の兵器への利用が拡大し、北宋期の兵器や戦術を集大成した『武経総要《ぶけいそうよう》』▲には、火薬の製法とさまざまな火薬兵器が記載されている。そうすると、この宋代にはいって、従来の燃料用・薬用中心の時期よりもはるかに、硫黄の需要が急増することになる。そして、このような中国における硫黄の用途の大きな変化と、先述の九八八年の日本産硫黄の輸出初見記事とを重ねあわせてみると、日本産硫黄の輸出が始まる理由は、宋代中国における火薬原料としての大量需要の可能性がもっとも高いといえよう。

この火薬原料という点に関して、のちの十三世紀の中国史料をみると、たとえば南宋期明州の地方志『宝慶四明志《ほうけいしめいし》』▲巻六や『開慶四明続志《かいけいしめいぞくし》』巻八では、日本からの主要輸入品の一つとしていずれも硫黄が記録されている。また、南宋の官僚・包恢《ほうかい》▲の文集『敝帚藁略《へいそうこうりゃく》』巻一・「禁銅銭申省状《きんどうせんしんしょうじょう》(銅銭《どうせん》流出禁止についての建策)」条では、日本から輸入される硫黄について、「軍需《ぐんじゅ》」に供されていることが明確に述べられている。このような十三世紀の状況を考慮すれば、やはり日本産硫黄が中国に流入するようになった最大の要因は、火薬兵器の発展といってよいであろう。

▼**『武経総要』**　北宋期の兵書《へいしょ》。曾公亮《そうこうりょう》らの編纂。一〇四四年に成立。制度・辺防《へんぼう》・故事・占候《せんこう》の四部門に分けて、戦術・兵器・戦史などを豊富な挿図とともに記述する。火薬の製法や多様な火薬兵器の記述はとくに貴重

▼**『宝慶四明志』**　南宋・方萬《ほうばん》里《り》・羅《ら》濬《しゅん》撰。一二二七年成立。明州およびその管下の諸県の建置沿革・山水・土産・賦税・兵制・事物などを記述する。その賦税の「市舶」の項目に、日本からの輸入品を列挙した記事がみえる。

▼**包恢**　一二二〇年の進士《しんし》。各地の転運使《てんうんし》(最高行政区画「路《ろ》」の長官として、漕運《そううん》・財政・裁判・人事などを管轄する要職)などを歴任し、六〇年代に八七歳で死去。『宋史』巻四二一に伝がある。

欽定四庫全書
拐頭柱一十八條　皮簾八片　皮索一十條
散子木二百五十條　救火大桶二
鐵鈎十八箇　大木檻二箇　界扎索一十條
水灑二箇　拒馬二　麻搭四具　小水桶二隻
唧筒四箇　土布袋一十五條　界椽索一十條
鍬三具　氊一領　钁三具　火索一十條
右隨砲預備用以蓋覆及防火箭
火藥法

晉州硫黄十四兩　窩黄七兩　焰硝二斤半
麻茹一兩　乾漆一兩　砒黄一兩　定粉一兩
竹茹一兩　黄丹一兩　黄蠟半兩　清油一分
桐油半兩　松脂一十四兩　濃油一分
右以晉州硫黄窩黄焰硝同擣羅砒黄定粉黄丹同
研乾漆擣為末竹茹麻茹即微炒為碎末黄蠟松脂
清油桐油濃油同熬成膏入前藥末旋旋和匀以紙
五重裹衣以麻縛定更別鎔松脂傅之以砲放復有

右引火毬以紙為毬内實塼石屑可重三五斤熬黄蠟
瀝青炭末為泥周塗其物貫以麻繩凡將放火毬只
先放此毬以準遠近
蒺藜火毬以三枝六首鐵刃以藥藥團之中貫麻繩長
一丈二尺外以紙并雜藥傅之又施鐵蒺藜八枚各
有逆鬚放時燒鐵錐烙透令焰出　火藥法用硫黄
一斤四兩焰硝二斤半麄炭末五兩瀝青二兩半乾
漆二兩半擣為末竹茹一兩一分麻茹一兩一分剪
碎用桐油小油各二兩半蠟二兩半鎔汁和之傅用
紙十二兩半麻一十兩黄丹一兩一分炭末半斤以
瀝青二兩半黄蠟二兩半鎔汁和合周塗之
鐵嘴火鷂木身鐵嘴束稈草為尾入火藥於尾内
竹火鷂編竹為疎眼籠腹大口狹形微脩長外糊紙數
重刷令黄色入火藥一斤在内加小卵石使其勢重
束稈草三五斤為尾二物與毬同若賊來攻城皆以
砲放之燔賊積聚及驚隊兵

●──『武経総要』にみえる火薬の製法

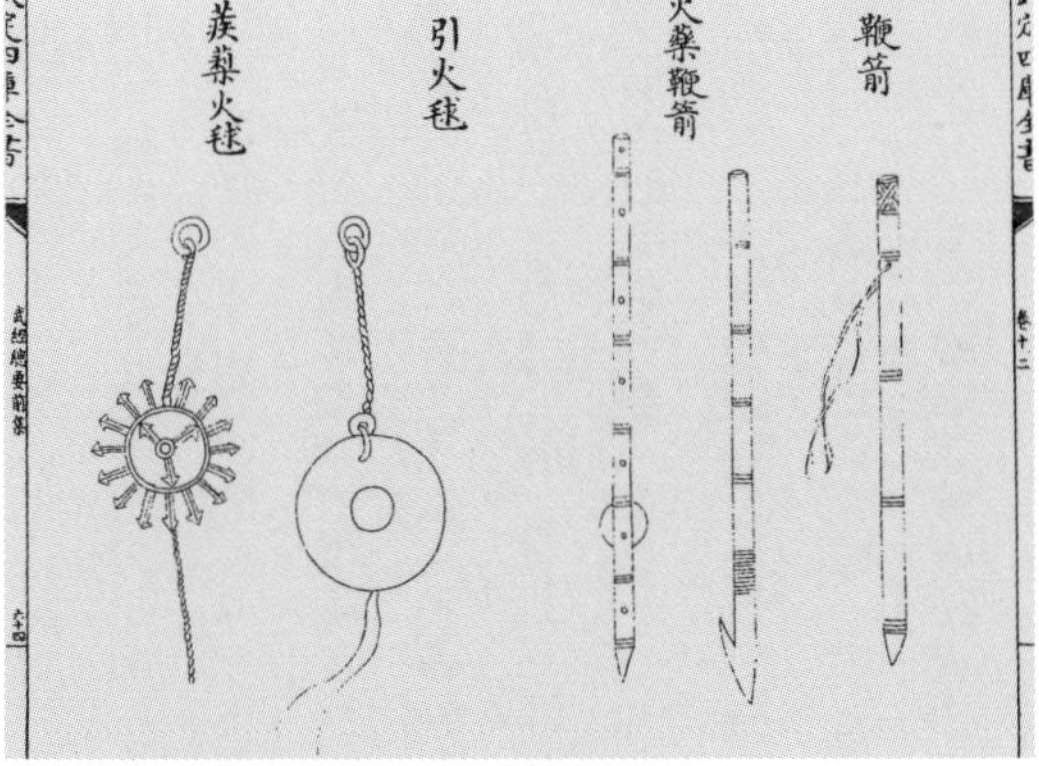

●──『武経総要』にみえる火薬兵器

それでは、宋において、火薬原料として硫黄をわざわざ輸入しなければならなかったのは、なぜであろうか。なぜ、国内で自給できなかったのであろうか。この疑問に答えるために、ここで中国における現代の火山分布図をみてみたい。古くから人間に利用されていた硫黄はおもに、火山活動によって生成されて結晶化した自然硫黄である。そこでこの自然硫黄の産地となりうる火山の分布を確認してみると、たしかに現在の中華人民共和国の領域には、たとえば東北区・チベット・雲南《うんなん》・海南島《かいなんとう》などに、かなり偏在的ながらもいくつかの火山群が存在している。しかし、この火山分布図に北宋・南宋の領域を重ねてみると、その領域内に含まれる火山がほとんどなくなってしまうことに気づく。とくに、金によって華北《かほく》地域を占拠されていた南宋においては、その領域内に火山がまったくといっていいほど存在しない。

このように、中国における火山分布を参照すると、北宋・南宋を通じて、硫黄を国内で完全に自給することはまったく不可能だったはずである。とすれば、宋において火薬兵器が発達し、その需要が高まれば高まるほど、主要原料であるにもかかわらず国内で自給できない硫黄が大量に必要になってくる。

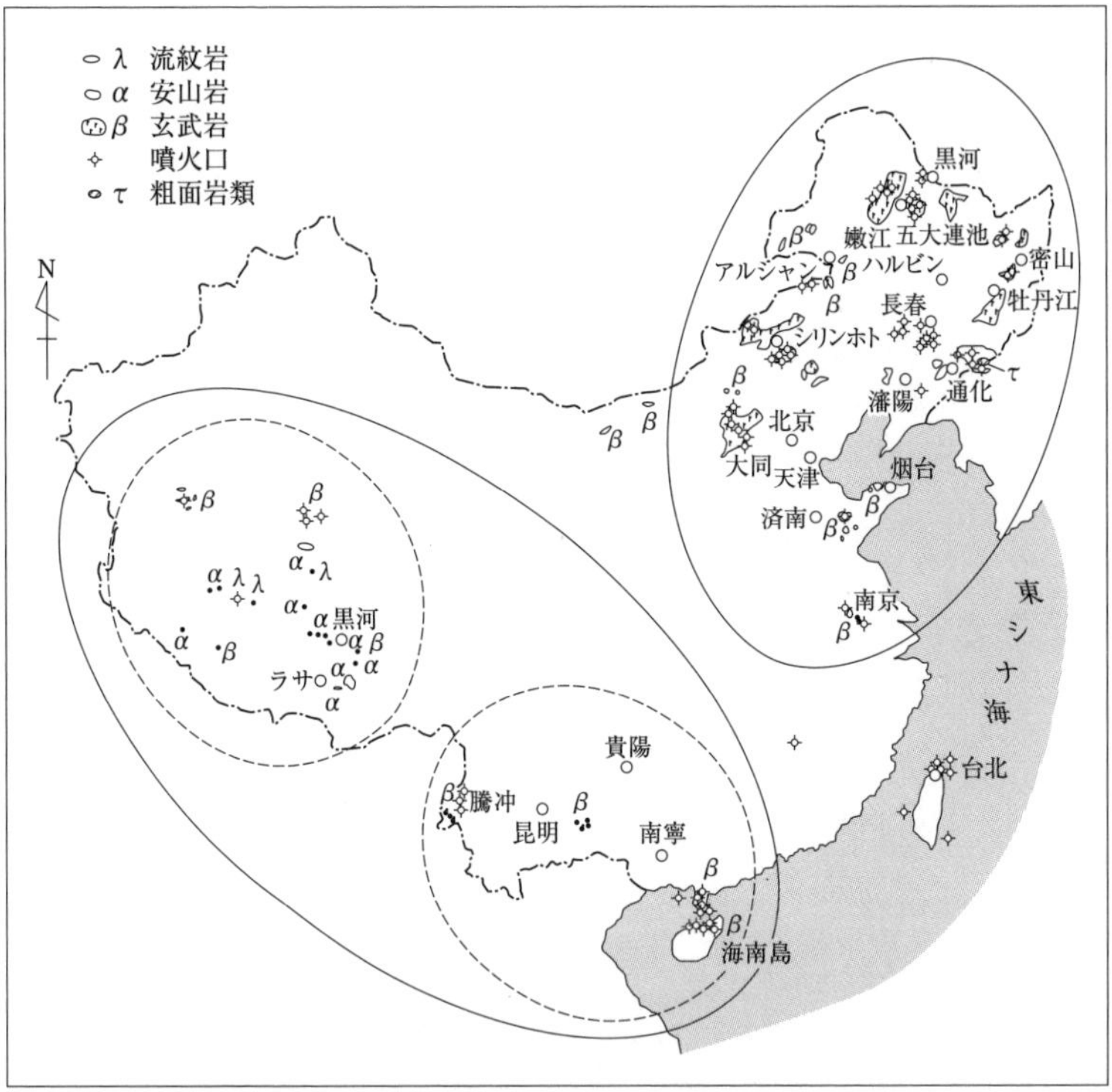

●── **中国の火山分布**（江原幸雄編著『中国大陸の火山・地熱・温泉―フィールド調査から見た自然の一断面―』より）

●──北宋の領域(1111年ごろ。尾形勇・岸本美緒編『新版 世界各国史3 中国史』より)

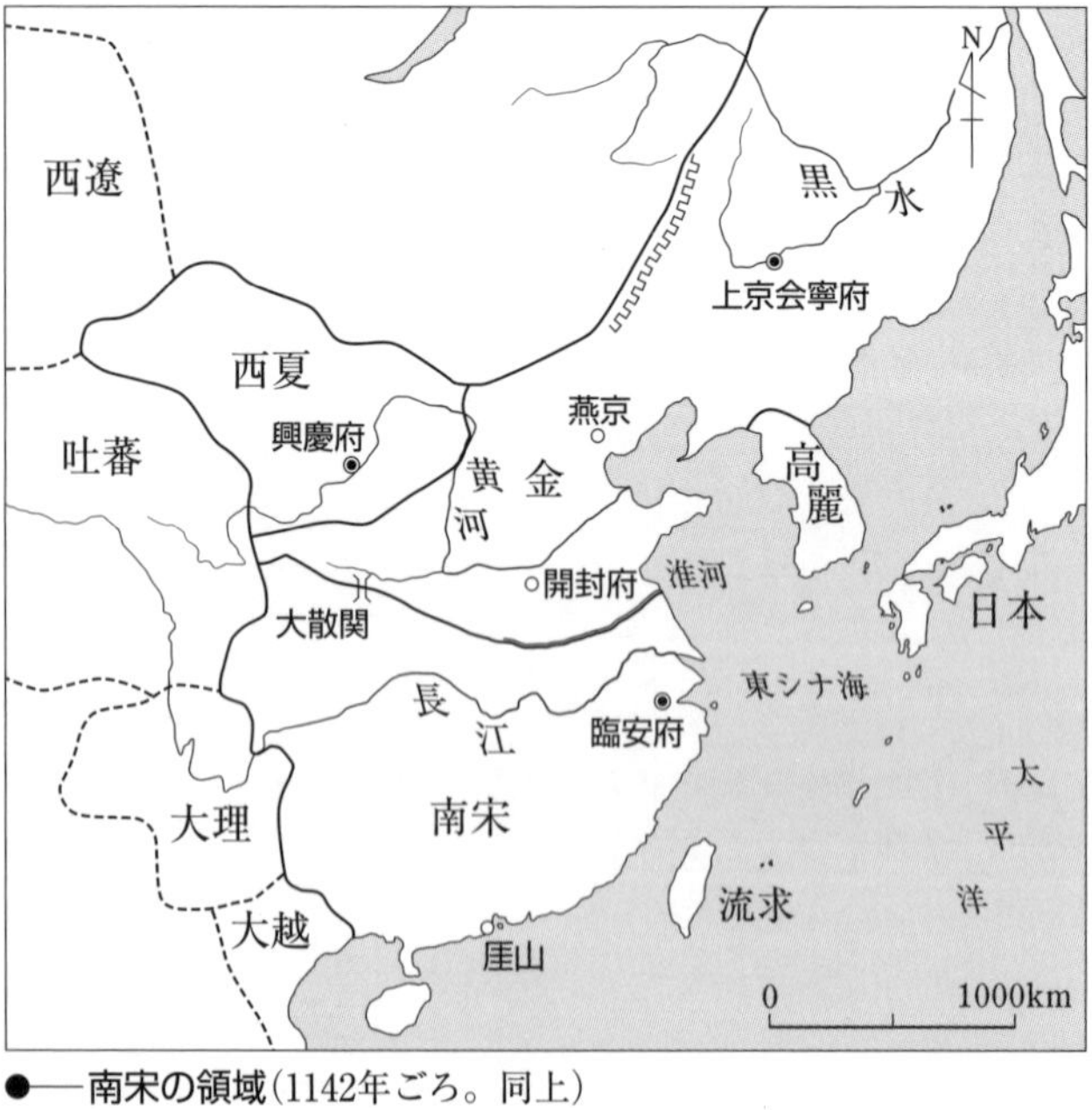

●──南宋の領域(1142年ごろ。同上)

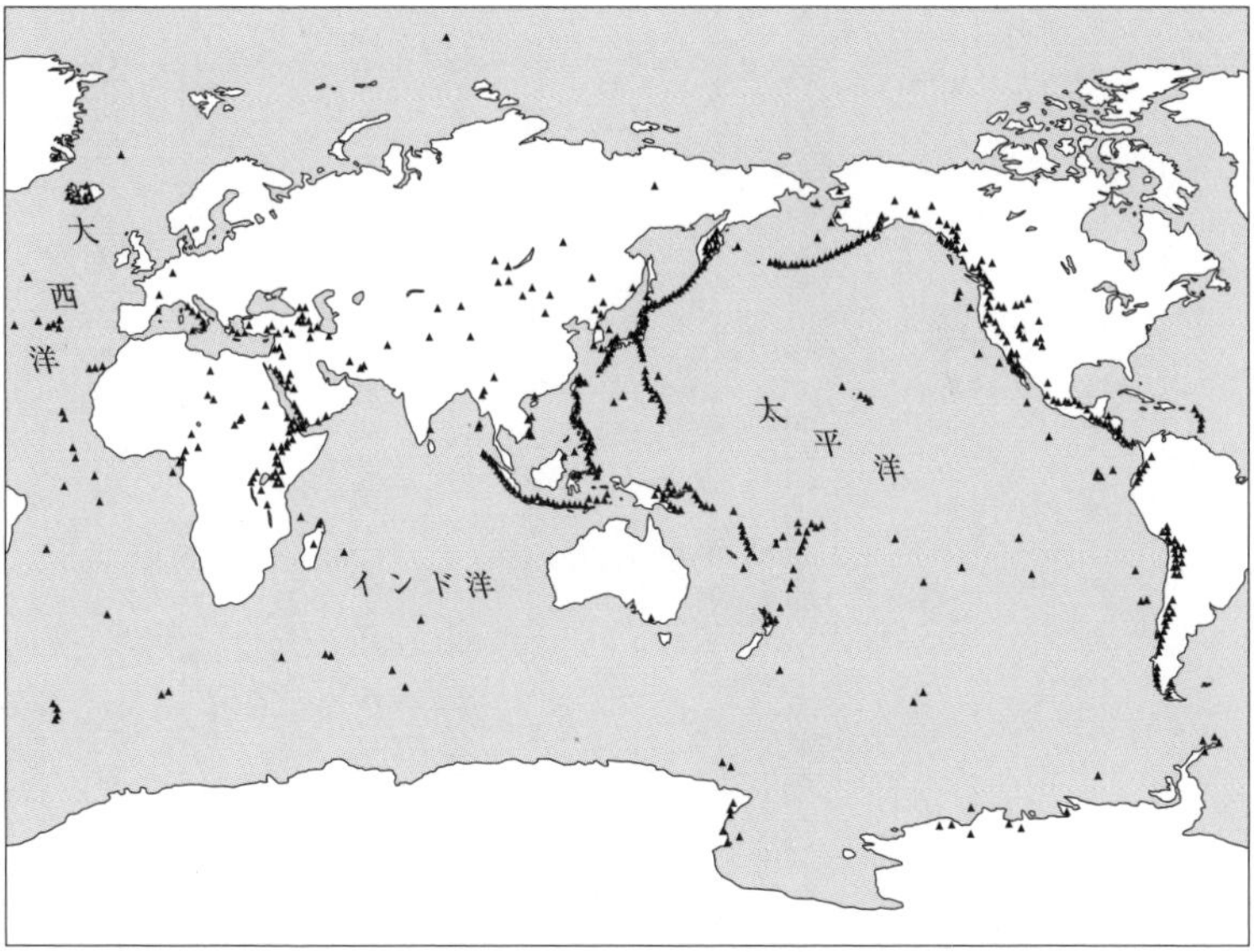

●――世界の火山分布(http://www.bousai.go.jp/kazan/sinkasai/k101.htmより)
日本列島に火山が集中している状況が一目でわかる。

そこでその供給方法として、当時飛躍的に発展していた海上貿易が利用され、日本もその重要な輸入先の一つとして選ばれたのであろう。この硫黄であれば、火山国日本では古来より大量に産出し、なおかつ先述の貿易船の底荷としてもうってつけのものである。さきほども引用した『宝慶四明志』巻六には、日本からの輸入品の「麁色《そしょく》」(単価が安く、かさばり、一度に大量に船載される品物)の筆頭に硫黄が記されているが、この記録はそれが底荷としての役割をもっていたことを強く推測させるものであろう。

ちなみに、黒色火薬のもう一つの必須原料である硝石は、中国で豊富に産出される。そのおもな産地は、明末の産業技術書『天工開物《てんこうかいぶつ》』▲巻下「消石」条にも記されているように、四川《しせん》・山西《さんせい》・山東《さんとう》などである。

▼『天工開物』　中国の産業技術の百科全書。江西《こうせい》省奉新《ほうしん》県の学者宋応星《そうおうせい》の撰。一六三七年成立。中国技術の全貌を展望する書として最適。

②——日本産硫黄の大量買付計画

宋朝の日本産硫黄買付計画

それではつぎに、日本産硫黄が輸出された歴史的背景をもう少し具体的に考えてみよう。ここで注目すべき史料は、前掲硫黄輸出関連記事のⓔである。この記録によれば、明州《めいしゅう》知事の馬《ば》琉《しゅう》が、一〇八四(元豊《げんぽう》七)年に、中央政府に対して以下のような建言を行った。それは、海商《かいしょう》を募集して日本に派遣し、全体で五〇万斤(約三〇〇トン)の硫黄を購入して、一〇万斤ごとに一組の運搬グループ「綱《こう》▲」を組織して舶載させ、官人をその監督役にするというものであった。この計画に対して当時の皇帝神宗《しんそう》はゴー・サインをだしている。従来の研究でも、この記録はしばしば言及されている。しかし、この硫黄買付計画が実行されたかどうかについては、不明とされてきた。

ところが、この硫黄買付計画にかかわる可能性のきわめて高い史料が日本側に存在するのである。それは、平安《へいあん》末に編纂された『朝野群載《ちょうやぐんさい》▲』である。その巻五・応徳《おうとく》二(一〇八五)年十月二十九日付陣定文《じんのさだめぶみ》には、

▼綱　本来は、水運・陸運で官物を輸送するために組織された貨物グループをさす。のちには官物に限らず、公私の貨物を輸送するグループを意味するようになる。

▼『朝野群載』　平安時代の詩文や公私各種の文書を分類・集成した書。三善為康《みよしのためやす》により十二世紀前半に編纂された。当時の行政にかかわる実務文書が多数収載されており、法制史・社会経済史などの分野でも貴重な史料集。

大宰府《だざいふ》言上す、大宋国《そうこく》商客王端《おうたん》・柳忩《りゅうそう》・丁載《ていさい》等参来の事
　（中略）
同府言上す、商客孫忠《そんちゅう》・林皐《りんこう》等参来の事
同前諸卿定め申して云わく、商客の来朝は以前定め申すこと畢《おわ》んぬ。就中《なかんずく》、件の孫忠等は事由を飛帆に寄す。何ぞ異（商？）客の身を以《もっ》て、忽《ゆるがせ》に本朝《ほんちょう》の願いを遂げんや、彼の府に仰せて、廻却《かいきゃく》せらる可きか。
〔大宰府より宋海商の王端・柳忩・丁載らが来航したことを報告いたします。……同じく大宰府より宋海商の孫忠・林皐らが来航したことを報告いたします。前件の議題に関して、公卿《くぎょう》たちが話し合っていうには、海商の来航（の間隔）については従来すでに決定されています。（にもかかわらず）なかでも例の孫忠は（前回の来航から時間がたっていないにもかかわらず）急いで来航しなければならなかった事情を申し述べています。どうして、海商のような身分の者が、その所属する（宋）朝廷《ちょうてい》の願いをとげることができましょうか。大宰府に命じて、すぐに帰国させるべきではないでしょうか、と。〕

とある。この記録自体は、これまでも日宋貿易史研究のなかで周知の史料である。しかし、上述の宋政府による硫黄買付計画との関連で取り上げられたことはなかった。そこで改めて、この史料を読んでみると、この一〇八五年十月の陣定▲では、大宰府より、王端・柳忩・丁載および孫忠・林皐という宋海商たちの来航が報告されている。

陣定の場で宋海商の来航が報告された他の事例を通覧すると、そこで名前が記録されているのは、その船の船長《せんちょう》である「綱首《こうしゅ》」▲の海商一人が一般的である。そうすると、この一〇八五年の陣定文では、五人の宋海商の名が記されているので、五艘の貿易船、あるいは五組(五綱)の海商グループが来航した可能性が高い。日宋貿易関連の諸史料のなかで、一度に五艘(五グループ)の海商たちが来航した事例はきわめて珍しく、かなり特殊な事例といえる。

このような史料解釈が認められるとすれば、この一〇八五年の秋に、五艘(五グループ)の宋海商たちがほぼ同時に博多に来航する、というきわめて異例な事態が起こったのである。ここで、もう一度ⓔの史料を振り返ってみると、その硫黄買付計画が持ち上がったのが一〇八四年の二月であった。そしてふた

▼陣定　平安時代の国政審議の一形式。内裏《だいり》の左近衛《さこのえ》の陣《じん》(ときに右《う》近衛の陣)で行われたことからこう呼ぶ。大臣・大中納言《だいちゅうなごん》・参議《さんぎ》らの出席のもとで、国政全般の重要事項が話し合われた。議事内容は陣定文にまとめられて天皇に奏上《そうじょう》され、その裁可をあおいだ。

▼綱首　貨物輸送グループ「綱」の指揮者を意味する。貿易船においては船長として航海と取引の一切をとりしきる。

たび、この日本側の陣定文をみると、その日付は翌年の一〇八五年十月である。するると、この二つの史料が比較的近接した時期のものであることがわかる。

そしてさらに、二つの史料をみくらべていくと、ⓔの史料で、「十万斤毎に一綱と為」すとされていたことが注目される。つまり、このときの硫黄買付計画は、全体で五〇万斤の日本産硫黄を、一〇万斤ごとに五グループ(五綱)に分けて運搬するというものであった。そうすると、この運搬方式は、問題の陣定文で宋海商五艘(五グループ)が来航していた可能性が高いことと、まさに対応していることになる。

このような、二つの史料の時期的な接近(この間に、明州による海商の募集→担当海商の決定→その渡日準備→渡海という流れが想定できないであろうか)、およびその運航グループの構成という二点から、この二つの史料は一連の出来事をめぐる中国側の記録と日本側の記録というように考えられないであろうか。つまり、一〇八四年の宋政府による日本産硫黄の大量買付計画は実行に移され、その日本側の対応の一端が問題の陣定文に記録されたと推定されるのである。

硫黄買付計画の背景

　では、次の疑問として、なぜ宋政府は一〇八四(元豊七)年初めの時点で、日本産硫黄の大量購入を計画したのであろうか。この問題の直接的背景として、きわめて可能性が高いのは、当時の宋と西夏《せいか》の国際関係である。問題の一〇八四年を挟む三〇年ほどのあいだ、両国の関係はおおむね以下のように展開した。

　一〇六七(治平四)年十月、即位後まもない神宗皇帝の対外強硬策のもとで、西夏の綏州《すい》(現在の陝西省《せんせい》綏徳県《すいとく》)地域の酋長《しゅうちょう》から宋への投降の申し出があった。綏州は宋・西夏双方にとって戦略上の重要地点であったため、宋はこの機会をとらえて、その地域を接収した。そしてここから、両国間に紛争が発生し、この事件が以後の神宗朝の多事多難な対西夏用兵の発端となった。

　両国の対立・紛争は、こののちしばらく続いたが、一〇七二(熙寧《きねい》五)年、綏州における両国の境界の画定が合意され、和議《わぎ》が成立した。こののち、両国関係はしばらく平穏な時期を迎える。

　ところが、一〇八一(元豊四)年、西夏で外戚《がいせき》一族が国王を幽閉するという政変が勃発した。神宗はこの政変を好機として、大規模な西夏征討作戦を敢行し

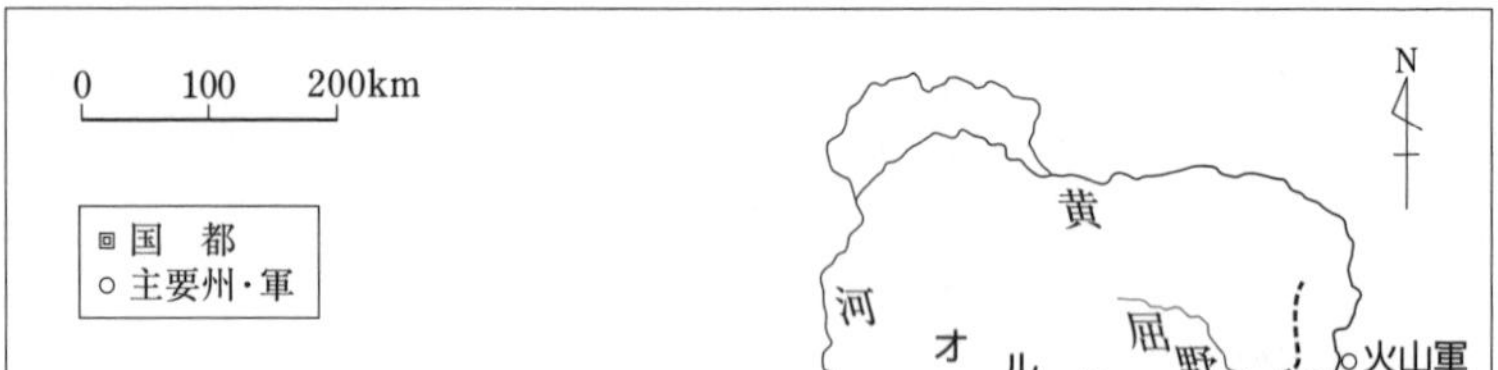

●——宋と西夏の形勢（松丸道雄ほか編『世界歴史大系 中国史3—五代〜元—』所掲の図を改変）

た。宋軍は、以前西夏に奪取された霊《れい》州をめざして進軍し、その途上にある多くの西夏の城塞を奪還した。しかし、この征討戦は結局失敗に終った。このときの西夏征討作戦が「霊武《れいぶ》の役《えき》」と呼ばれる。霊武の役における敗北にもかかわらず、こののちも連年、宋は対西夏作戦を展開したが、めぼしい成果はあげられず、厭戦《えんせん》の空気がただよった。

このような戦況のなかで、一〇八五（元豊八）年に強硬論者の神宗が没すると、あらたに即位した哲宗《てっそう》のもとで対西夏政策は大きく転換した。すなわち、一〇八六（元祐《げんゆう》元）年にはいり、宋の方針として、霊武の役の際に宋が奪取した西夏の城塞の一部を返還し、その見返りとして霊武の役以来の戦闘で西夏の捕虜となった宋人の送還を要求することが決定された。このような宋の提案はその後、紆余曲折をへて西夏も合意するところとなり、一〇八九（元祐四）年にその交換が行われた。

こののち、両国は本格的に国境画定の交渉にはいるが、関連するさまざまな問題をめぐって妥協と対立を繰り返した。そしてその結果、一〇九五（紹聖《しょうせい》二）年、ついに宋もその交渉の中断を決定し、両国の和議への動きは決裂した。

以上の経緯を少し整理すると、当時の宋と西夏の関係は、

一〇六七年　綏州事件などの発生【対立】
↓
一〇七二年　熙寧和議の成立【和平】
↓
一〇八一年　霊武の役の発生【対立】
↓
一〇八六年　元祐和議交渉の開始【和平】
↓
一〇九五年　元祐和議交渉の決裂【対立】

というように、対立と和平を繰り返していたことがわかる。

このような両国関係のなかで、日本産硫黄の大量買付けが計画された一〇八四年は、八一年に発生した「霊武の役」以後の、宋の西北辺境において両国が交戦しているまさにその最中にあたる。そして、この交戦状況に関して、『続資《ぞくし》治通鑑長編《じつがんちょうへん》』巻三四二・元豊七年一月甲寅《こういん》条をみると、時の皇帝神宗が、蘭《らん》州

（現在の甘粛《かんしゅく》省蘭州市）で西夏軍と戦っていた将軍李憲《りけん》▲に対して、厳重な防衛を命じる詔《みことのり》をくだしているが、その最後に、「弓箭《きゅうせん》・火砲箭《かほうせん》百万有余を頒ち、以て賊を備禦《びぎょ》せしむ」と、火薬兵器である「火砲箭」を含めて一〇〇万以上の大量の兵器の緊急配備を命じている。

　すると、この神宗の兵器配備の命令を実行するためには当然、火薬原料として緊急に大量の硫黄を確保しなければならなかったであろう。もちろん、その硫黄の一部は、恒常的な備蓄でまかなわれたであろうが、このような緊急事態にあっては、それでは不足が生じたのではなかろうか。

　そこで、その不足分の硫黄を確保するために、日本産硫黄の大量買付けが計画されたとは考えられないであろうか。このような推測が認められるとすれば、この日本産硫黄の買付けを建策したのが明州知事であったこともうなずける。というのも、当時、対日貿易の主要港として機能していたのはまさにこの明州であり、そこには恒常的に日本から硫黄が輸入されていたと考えられるからである。

　以上のように、一〇八四年の宋政府による日本産硫黄の大量買付計画は、当

▼**李憲**　神宗皇帝の絶大な信頼をえていた宦官《かんがん》出身の人物。霊武の役の総司令官。『宋史』巻四六七に伝がある。

時の西夏との戦闘のなかで緊急配備されることになった火薬兵器原料の調達をはかったものであったと推定される。そしてその買付計画は実行に移され、その使命をおびた五組の海商集団からなる船団が日本に来航したと考えられるのである。

このように考えてくると、上述の陣定文において、宋海商の孫忠に関して、「何ぞ異(商?)客の身を以て、忽に本朝の願いを遂げんや」と記されていた、その「本朝の願い」とは、宋政府から依頼された硫黄買付けであった可能性が高いであろう。従来の解釈では、この「本朝」は日本をさすと解釈されているが、以上のような歴史的背景を考えると、これは宋海商・孫忠にとっての「本朝(かの朝)」、すなわち宋王朝をさすと考えるべきであろう。

恒常的な硫黄需要

ただ、ここで一つの疑問が湧いてくるかもしれない。それは、一〇八四年の日本産硫黄の輸出事情については、そのような中国側の歴史状況との連関が想定されるとしても、それはあくまでも臨時的・突発的な硫黄需要であり、そのほかの時期においても日本から硫黄が輸出されている背景として、火薬原料としての用途を最重要視できるのかという疑問である。しかし、このような疑問に対しては、次のような回答が可能である。

たとえば宋と北方の大国・遼との関係を考えた場合、一〇〇四年の澶淵《せんえん》の盟《めい》▲以降、両国はほとんど交戦することもなく、平穏な関係を維持していた。しかし、そのような平和な関係が維持されているにもかかわらず、宋側は長大な国境ラインに一〇〇万にのぼる大量の常備軍を張りつけていたのである。

そうすると当然、この常備軍に対しては、大量の兵器が恒常的に配備される必要があったはずである。そして、その配備されるべき大量の兵器のなかには、先述の「火砲箭」のような火薬兵器も含まれていたにちがいない。とすれば、たとえ周辺の軍事大国との関係が平穏なときであっても、宋においては火薬兵器の原料となる硫黄が恒常的に必要とされたと考えられる。

北宋においては、首都開封《かいふう》をはじめ江陵府《こうりょうふ》(現在の湖北省江陵《こほく》)・江寧府《こうねいふ》(現在の江蘇《こうそ》省南京《なんきん》)などの軍事拠点に、火薬兵器製造工場がおかれていた。とくに首都開封には、「火作《かさく》」と呼ばれる工房が設置され、恒常的に火薬兵器の生産が行

▼**澶淵の盟**　遼の聖宗《せいそう》と宋の真宗《しんそう》とのあいだで締結された和平条約。宋が毎年遼に絹・銀などの大量の歳幣《さいへい》を贈ること、両国関係を遼を兄とする兄弟関係に擬すること、国境線の現状維持などが定められた。

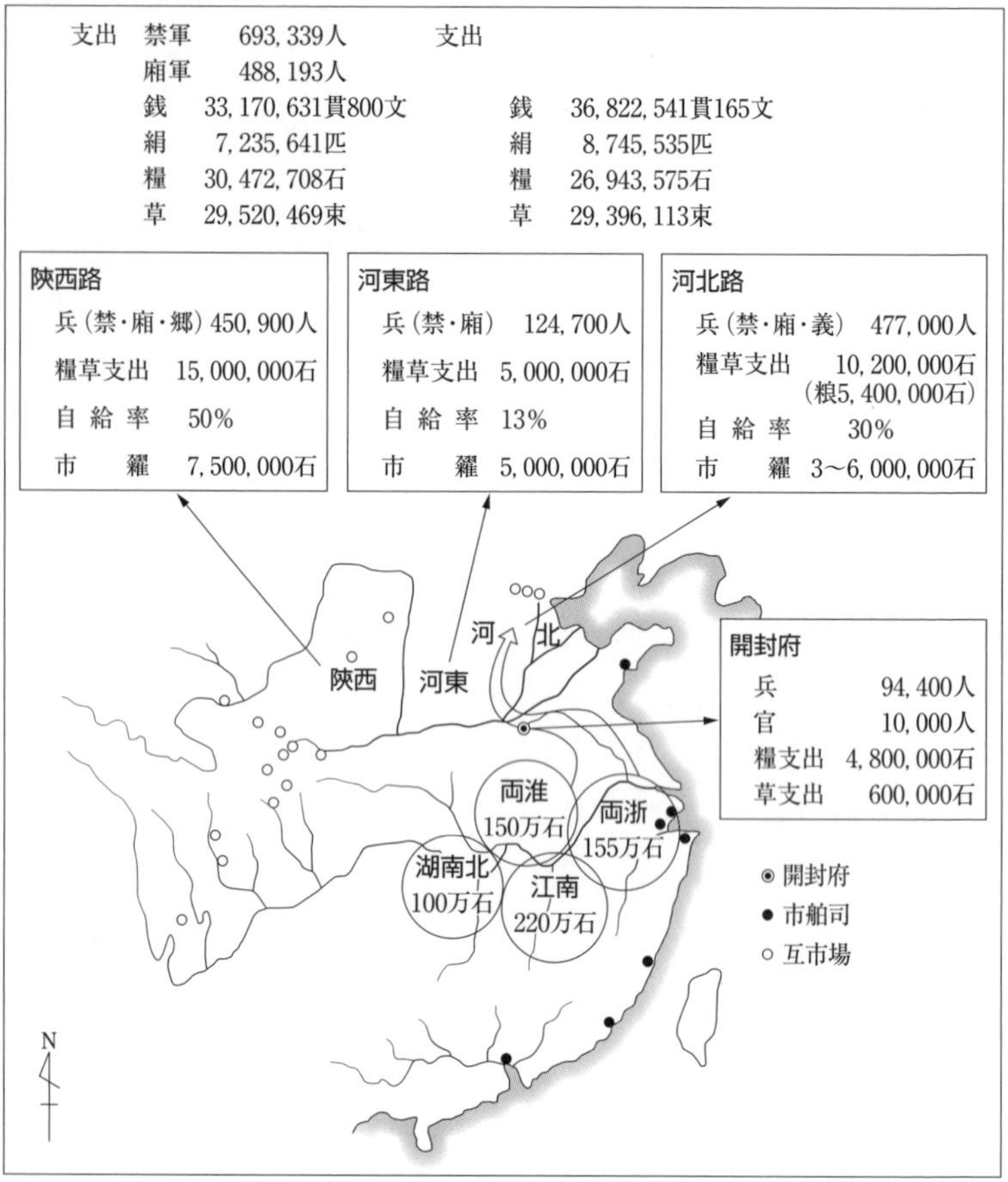

支出　禁軍　693,339人
廂軍　488,193人
銭　33,170,631貫800文
絹　7,235,641匹
糧　30,472,708石
草　29,520,469束
支出
銭　36,822,541貫165文
絹　8,745,535匹
糧　26,943,575石
草　29,396,113束
陝西路
兵(禁・廂・郷) 450,900人
糧草支出　15,000,000石
自給率　50%
市糴　7,500,000石
河東路
兵(禁・廂)　124,700人
糧草支出　5,000,000石
自給率　13%
市糴　5,000,000石
河北路
兵(禁・廂・義)　477,000人
糧草支出　10,200,000石
(粮5,400,000石)
自給率　30%
市糴　3〜6,000,000石
開封府
兵　94,400人
官　10,000人
糧支出　4,800,000石
草支出　600,000石
陝西
河東
河北
両淮 150万石
両浙 155万石
湖南北 100万石
江南 220万石
開封府
市舶司
互市場
N

●—北宋代の辺境防衛と補給体制(松丸道雄ほか編『世界歴史大系　中国史３—五代〜元—』より)

われていた。たとえば、『続資治通鑑長編』巻三四三・元豊七(一〇八四)年二月癸巳《きし》条をみると、神宗皇帝が先述の将軍李憲に詔して、熙《き》州・河《か》州などの軍備増強のため、「神《しん》臂《ひ》弓《きゅう》火《か》箭《せん》十万隻」「火薬弓箭二万隻」「火薬火炮箭二千隻」「火弾《かだん》二千枚」などの大量の火薬兵器の補充を命じている。

中国軍事史研究者の劉旭《りゅうきょく》は、これらの火薬兵器は、それぞれの行政地域で製作されたものではなく、都の火薬兵器製造工房で一括製造されて供給されたと解釈しており、開封で当時恒常的に製造・備蓄されていた火薬兵器は膨大な数にのぼったと推測している。そうすると、金としばしば交戦した南宋においては、北宋以上に恒常的な火薬兵器の製造・配備が必要であったと思われる。そして、その主要原料である硫黄の恒常的な需要をまかなう重要な輸入ルートの一つが、日本からの硫黄輸入であったのではなかろうか。

ちなみに、後代の朝鮮王朝における平時の硫黄備蓄量を示す興味深い記事が、『朝鮮王朝実録《ちょうせんおうちょうじつろく》』▲成宗《せいそう》・巻七五・八(一四七七)年一月丁卯《ていぼう》条にみえる。

　知事姜希孟《きょうきもう》啓して曰く、火薬庫に石硫黄二十三万七千余斤・焰(焇〔硝〕)四万斤有り。然れども今、倭人未だ来り献ずる者有らざれば、必ずや窮盡《きゅうじん》の時

▼『朝鮮王朝実録』　朝鮮王朝によって継続編纂された歴朝の編年《へんねん》体《たい》史書、『李朝《りちょう》実録』ともいう。一三九二年の太祖《たいそ》による王朝の開創から、一九一〇年、純宗《じゅんそう》のときの日本による併合までの二七朝を、全一九四六巻にまとめる。周辺の中国・日本・琉球《りゅうきゅう》などに関する記事も豊富に含み、朝鮮国内の歴史事象に関する根本史料であるばかりでなく、東アジアの国際関係史料としても重要。

有らん。

〔知事の姜希孟が国王につぎのように申し上げた。火薬庫には硫黄二三万七〇〇〇斤余りと焰硝《えんしょう》四万斤（の備蓄）があります。しかし現在、来朝して（硫黄を）献上する倭人がおりませんので、必ずきわまりつきるときがくるでしょう、と。〕

この硫黄備蓄量はおそらく、その時点での中央政府のものと考えられるが、このような平時の朝鮮王朝にあっても、約二四万斤（約一四四トン）ほどの火薬原料としての硫黄が備蓄されていたのである。しかもこのときの官僚の言によれば、それでも量的には不安であるといっている。

また、同書・中宗《ちゅうそう》・巻五四・二十（一五二五）年七月乙丑《いっちゅう》条には、

戸曹《こそう》啓して曰く……我が国、会計し録する所の石硫黄の軍器に在る者二十五万九千三十四斤、慶尚道《けいしょうどう》に在る者四千七百十七斤、開城府《かいじょうふ》に在る者三万七千九百四十斤なり。

〔戸曹が国王に申し上げていうには、……わが国が現在、計算して記録している硫黄は、中央の軍器庫に二五万九〇三四斤、慶尚道に四七一七斤、

開城府に三万七九四〇斤であります。」とみえており、やはり平時に属するこの時点でも、合計三〇万斤余の備蓄があったことがわかる。

そうすると、地域・時代を異にするとはいえ、南北宋王朝のような朝鮮王朝よりもはるかにサイズが大きく、異民族との戦争も大規模かつ頻繁であった王朝においては、おそらく数十万斤から数百万斤の単位での恒常的な備蓄が必要であったはずである。このように推測していくと、問題の一〇八四年の日本産硫黄の買付量は、量的にはなんらおかしなものではない。

硫黄に対する国家管理

以上のように、火薬原料として重要な軍需《ぐんじゅ》物資であった硫黄は、宋代においてその交易・流通が国家的な管理を受けていた。その管理の最大の目的はもちろん、遼《りょう》・金《きん》・西夏など軍事的に対立する異民族への火薬技術およびその原料の流出防止であった。

『宋史』巻一八六・互市《ごし》舶法《はくほう》・熙寧九(一〇七六)年条では、対遼関係をめぐって、河北・河東の権場《かくじょう》▲において硫黄・焔硝の私的取引(密貿易)が禁じられている。また、南宋期の法令集『慶元条法事類《けいげんじょうほうじるい》』▲巻二九・権禁門二・「興販軍須《こうはんぐんす》」条では、金との国境ラインである淮河《わいが》を越えて硫黄を販売することや、硫黄をもって辺境地帯の州県へ往来することが禁じられている。

このような硫黄の国家的管理は当然、日本から輸入される硫黄に関してもおよぼされていた。前掲日本産硫黄輸出関連史料のⓒⓓで、杭州において硫黄に対しても抽解が行われているのは、この硫黄の国家管理の一環と考えてよいであろう。

なお、この軍需物資としての硫黄の国家管理は、のちの明《みん》朝においても行われている。たとえば、『大明会典《だいみんかいてん》』▲巻一〇五・巻一一四などには、福建《ふっけん》・広東《かんとん》などにもたらされた進貢品としての硫黄の中央への送付規程や、一定の基準量を超えての硫黄の私販禁止および外夷《がいい》との取引の厳禁など、その管理規程の一端が記されている。

▼**権場**　宋代に周辺民族との貿易を行うために国境に設けられた官庁、「権務《かくむ》」「権署《かくしょ》」ともいう。九七七年の遼との貿易のためのものが最初。一〇〇八年には西夏とのあいだにも設置。南宋では一一四二年に金とのあいだに設置。海域を担当する市舶司《しはくし》との比較研究は今後の課題。

▼**『慶元条法事類』**　謝深甫《しゃじんほ》らの編により、一二〇三年に刊行。一一九八年に発布された『慶元重《ちょう》修《しゅう》勅令格式《ちょくれいきゃくしき》』の利用の便のため、勅令格式を一六部門に分類し、部門ごとに法規を列記する。

▼**『大明会典』**　基本的な行政法規を総合・集成した明代の法典。制度史・政治史・社会経済史の基本史料。一五〇九年刊の正徳本《しょうとく》と八七年刊の万暦本《ばんれき》の二種がある。

③——硫黄輸出と九州南方の島嶼

輸出硫黄の主要産地

つぎに、宋《そう》へ輸出されていた硫黄の産地の問題を考えてみよう。火山列島である日本では、古くから各地で硫黄が採掘されてきた。

たとえば、八世紀末に編纂された正史の『続日本紀《しょくにほんぎ》』和銅《わどう》六(七一三)年五月癸酉《きゆう》条では、相模《さがみ》・信濃《しなの》・陸奥《むつ》などの国からの硫黄の貢上《こうじょう》が記録されている。また、『肥前国風土記《ひぜんのくにふどき》』高来郡《たかく》条では、現在の雲仙岳《うんぜんだけ》にある温泉からの硫黄の産出が記されている。さらに、十世紀前半に編まれた『延喜式《えんぎしき》』巻一五・内蔵寮《くらりょう》・諸国年料供進《ねんりょうぐしん》条では、信濃・下野《しもつけ》などの国から内蔵寮へ各二〇〇斤《きん》(約一二〇キロ)の貢進《こうしん》が規定されており、同時期の本草書《ほんぞうしょ》『本草和名《ほんぞうわみょう》』▲巻四・玉石《ぎょくせき》・中条では、鎮西《ちんぜい》(九州)地域での硫黄の産出が記されている。

時代的に考えて、これらの記録にみえる硫黄はいずれも、薬用とされたものであったと考えられる。ところが、前掲日本産硫黄関連記事ⓑの十一世紀半ばの藤原明衡《ふじわらのあきひら》『新猿楽記《しんさるがくき》』では、大商人「八郎真人《はちろうのまひと》」が取り扱う国産商品のなかに

▼『本草和名』　侍医深根輔仁《じいふかねのすけひと》撰の薬物解説書。九一八年ごろ成立。唐・蘇敬《そけい》ら撰『新修本草《しんしゅうほんぞう》』によりながら、各薬物の漢名異名・日本産の有無・和名・日本の産地などを記述。

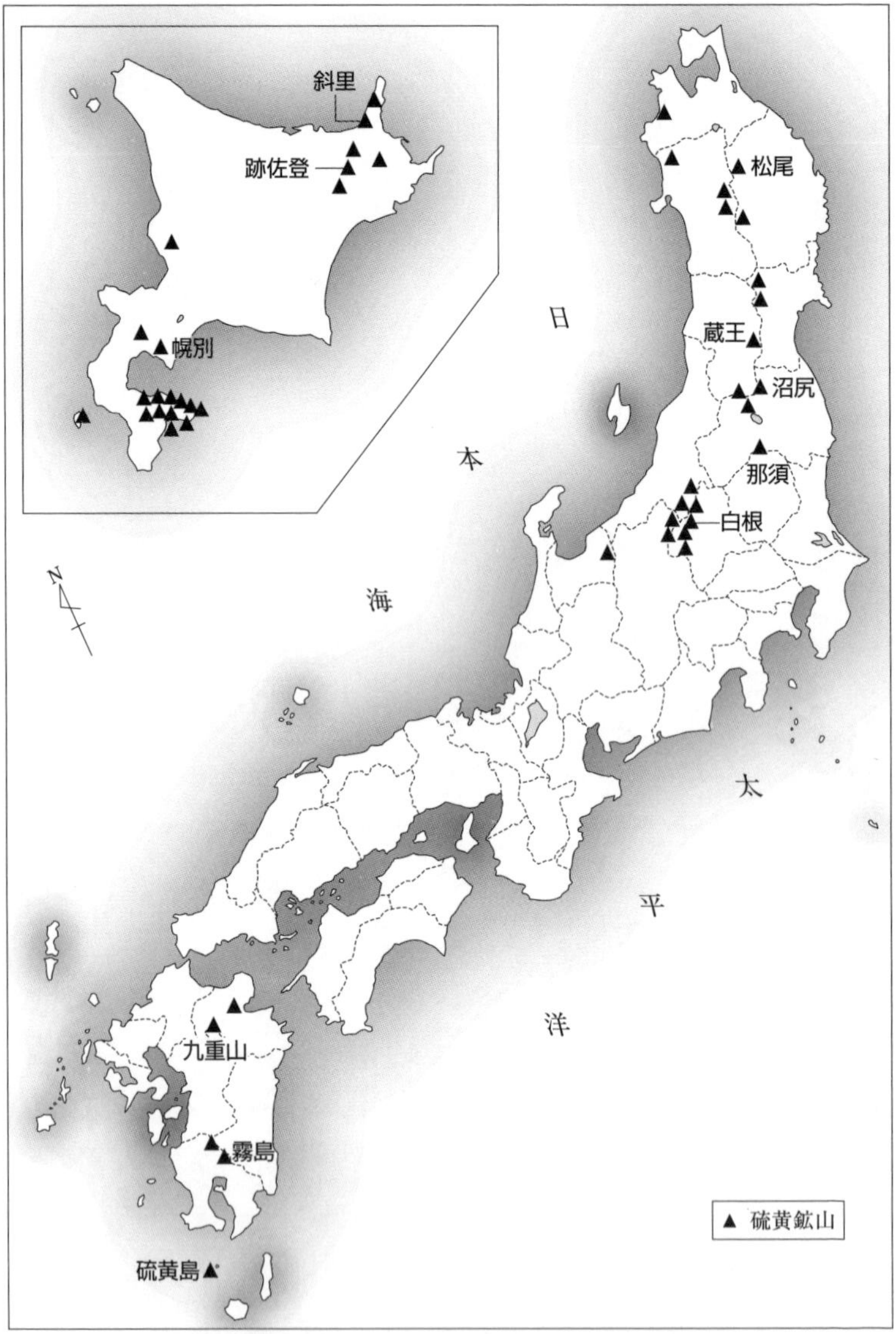

●—日本のおもな硫黄鉱山(1950年ごろ。岩波書店編集部編『硫黄の話〈岩波写真文庫116〉』所収の図を改編)

●—硫黄島の全景

硫黄がみえ、それはおそらく、彼の交易範囲の西端とされている「貴賀之島《きかいがしま》」で産出すると物語設定がなされている。この「貴賀之島」がどの島をさしているのか、いくつかの説があるが、とりあえずここでは、薩摩《さつま》南方の島々を漠然とさす呼称と考えておきたい。

この大商人八郎真人の話はもちろん、藤原明衡の創作であるが、その人物像は当時実際に活躍していた商人たちをモデルにしている可能性が高いと考えられている。そしてそこに、硫黄産地として、薩摩南方の島が登場するのである。おそらく、この硫黄の話にもなにか元ネタがあるにちがいない。

薩摩硫黄島

それでは、薩摩の南方に位置する島々のうちで、古代・中世の硫黄産地と考えられるのはどの島であろうか。それは、現在の「硫黄島《いおうじま》」であると考えられる。この島こそ、古代・中世の日本から輸出された硫黄の主産地と目されている島である。

硫黄島は現在、鹿児島県三島《みしま》村に属し、鹿児島市から南へ一〇〇キロほどの

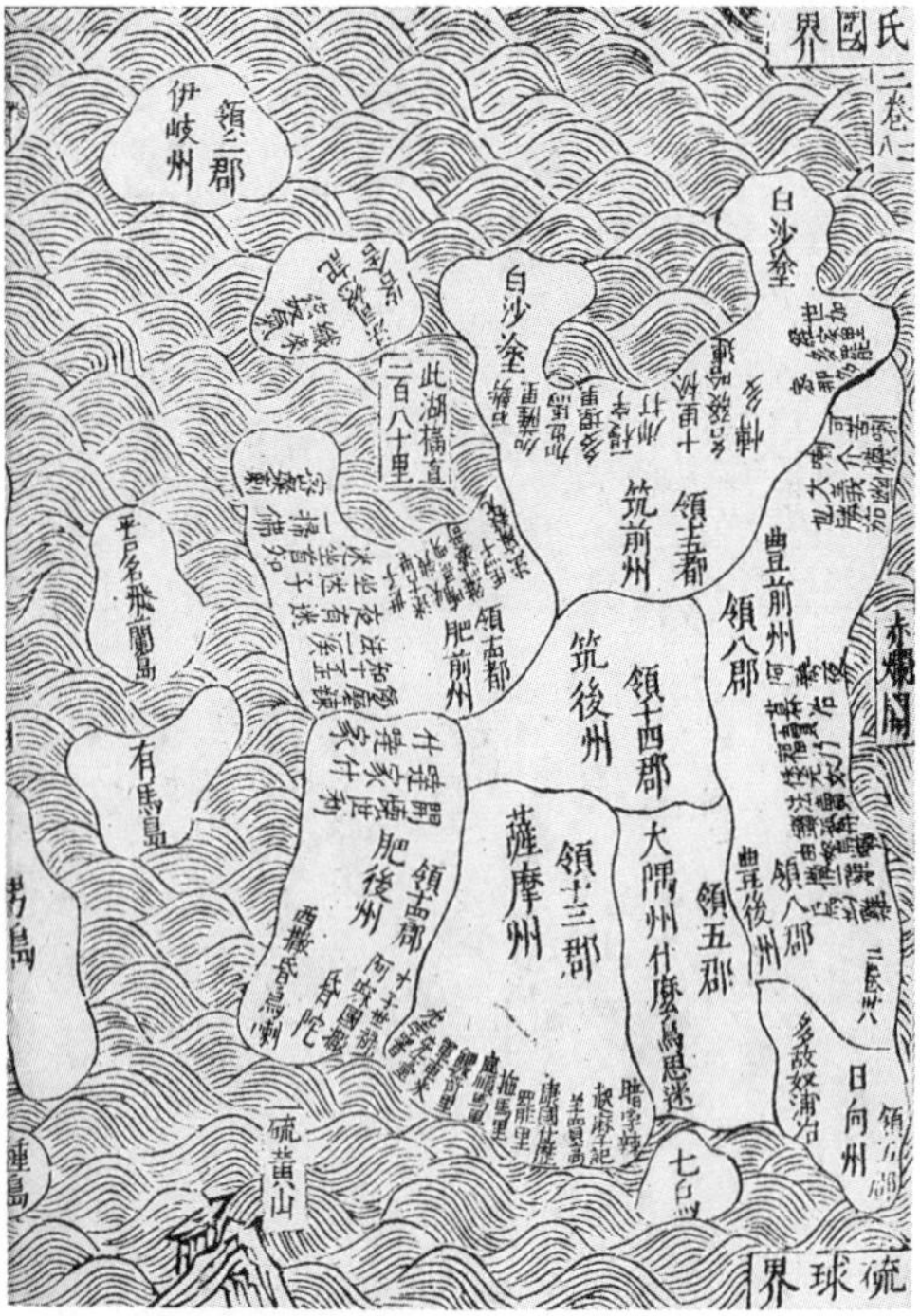

●──『籌海図編』「日本国図」にみえる硫黄島　左下に「硫黄山」とある。

●──一九五〇年ごろの硫黄岳での採鉱風景

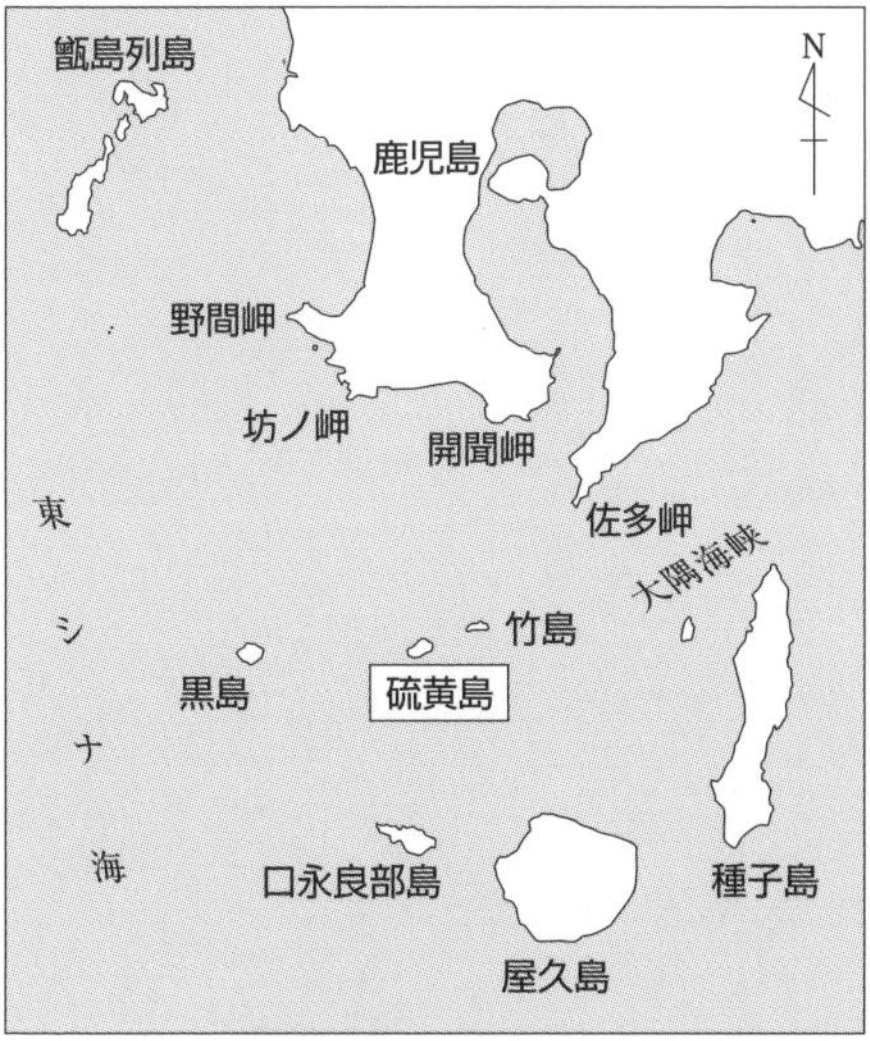

●──硫黄島の位置

●──硫黄岳

●──**硫黄島の東温泉**　海岸の岩場に温泉が湧きだしている。火山島ならではの光景。

東シナ海上に浮かんでおり、鹿児島港から村営のフェリーにより約三時間半で結ばれている。島は東西約六キロ、南北約三キロ、面積約一二平方キロの小島であり、活火山である主峰硫黄岳（七〇四メートル）からは盛んに噴煙が上がっている。二〇一〇年の統計によれば、同年二月現在、人口は一一四人となっている（三島村公式サイトhttp://www.mishimamura.jp/）。

この島は、約七〇〇〇年前に大噴火を起こした海底火山鬼界《きかい》カルデラ（南北一六キロ、東西二三キロ）の北外縁に位置し、現在でも盛んに活動を続ける火山島である。この活発な火山活動の産物として、この島では古くから自然硫黄が採掘されていた。

このことはたとえば、十五世紀の朝鮮で編まれた対日外交マニュアル『海東《かいとう》諸国紀《しょこくき》』▲附載の「九州之図」に「硫黄を産し、日本人これを採る」と記され、また、十六世紀の中国で編まれた日本研究書『籌海図編《ちゅうかいずへん》』▲に、「大隅《おおすみ》の海中に在りて、土に硫黄を産す。故にこれを名づく」とあるように、近世の東アジアにおいても国際的に知られていた。

近世の日本においても、佐藤中陵《さとうちゅうりょう》▲の随筆『中陵漫録《ちゅうりょうまんろく》』巻九・硫黄の項に、

▼『海東諸国紀』　世宗《せいそう》～成宗《せいそう》の六朝に仕えた高官申叔舟《しんしゅくしゅう》の撰。一四七一年に完成。日本・琉球《りゅうきゅう》の国情、朝鮮との国交の沿革、使人の接遇規定などを詳細に記録する。

▼『籌海図編』　明の鄭若曽《ていじゃくそう》の撰。一五六三（嘉靖四十二）年に成立。明代の倭寇《わこう》の侵寇《しんこう》とそれに対する防衛の状況を総合的に記録。当時の中国人の日本認識をよくあらわしている。

硫黄の用尤《もっとも》広し。薬に用るは久きを貴ぶ。信州の鳥目《とりのめ》鷹目《たかのめ》の類皆絶なり。其他、会津《あいづ》の泥尻《どろじり》、肥後《ひご》の阿蘇山《あそさん》等にあり。しかれども、薩州の硫黄島は、天下随一なり。

〔硫黄の用途は広い。薬用とするには年月をへたものが貴重とされる。信州の鳥の目・鷹の目という種類の硫黄は絶品である。そのほか会津の泥尻や肥後の阿蘇山などにも産出する。しかし、薩摩の硫黄島の産が天下随一である。〕

とあるように、硫黄島の硫黄は最重要視されていた。近世中期以降には、鹿児島藩の事業として硫黄の採掘が行われ、近代以後も引き続き民間企業による採掘が行われた。明治期には、年間硫黄産出量をおよそ六三万八一六〇斤《きん》（約三八三トン）とする記録があり、さらに最盛期の昭和三十年代には、採掘原鉱七万六〇〇〇トン、精錬硫黄一万トンという記録が残されている。しかし、石油精製の過程で生産される安価な硫黄が主流となったことなどにより、一九六四（昭和三十九）年に閉山となった。

▼**佐藤中陵**　一七六二〜一八四八年。江戸後期の本草学者。名は成裕《しげひろ》。独学で本草学をきわめ、物産家として知られた。島津家・上杉《うえすぎ》家などの招聘《しょうへい》を受けて、その領内で採薬ならびに物産調査を行う。一八〇〇（寛政《かんせい》十二）年以後、水戸《みと》徳川《とくがわ》家に仕え、水戸で没す。『中陵漫録』は、一八二六（文政《ぶんせい》九）年の成立。採薬のために遍歴した全国各地の薬種物産の名称・形状・効能・産地・採集栽培法などを記す。また、各地の地勢・人情・習俗・名勝旧跡・巷説奇談《こうせつきだん》・詩文絵画・考古や清《しん》人・阿蘭陀《おらんだ》人・琉球人に関する情報なども収録。

『平家物語』と硫黄島

さて、この島での硫黄の産出を記録したより古い記録が、十三世紀ごろの成立と推定される著名な文学作品『平家物語《へいけものがたり》』なのである。この物語では、一一七七(治承《じしょう》元)年、京都東山《ひがしやま》・鹿ケ谷《ししがたに》の山荘で、当時権力の絶頂にあった平氏《へいし》一族に対するクーデター計画が話し合われたと伝えられている。このときのメンバーは、法勝寺《ほっしょうじ》の僧俊寛《しゅんかん》▲をはじめ、藤原成親《なりちか》▲・成経《なりつね》父子、平康頼《たいらのやすより》▲、西光《さいこう》(藤原師光《もろみつ》)▲らいずれも後白河院《ごしらかわいん》の近臣《きんしん》たちであった。しかし、この謀議は密告によって平氏の知るところとなり、そのメンバーはすぐに拘束され、厳しく処罰された。いわゆる「鹿ケ谷事件(鹿ケ谷の謀議)」である。

このとき、俊寛・平康頼・藤原成経の三人は死罪はまぬがれたものの、都をはるかに離れた薩摩の「鬼界島」に配流《はいる》となった。この鬼界島が現在の鹿児島県硫黄島であると考えられている。俊寛らに対するこの配流事件は、もちろん実際に起こった出来事である。『平家物語』はそれにたくみな文学的脚色を加えながら、物語を展開していく。以下、その叙述を追ってみよう(以下の引用文は新古典文学大系本による)。

▼**俊寛**　生没年不詳。村上源《むらかみげん》氏《じ》・木寺法印寛雅《きでらほういんかんが》の子。父のあとをうけて法勝寺執行《しぎょう》となる。法勝寺執行は、院主催の仏事を行い、寺領荘園を管理する、後白河院側近の僧の地位。

▼**藤原成親**　一一三八〜七八年。鳥羽院《とばいん》の寵臣《ちょうしん》家成《いえなり》の子。後白河院の寵臣として勢力をえる。鹿ケ谷事件により、備前国に配流され、ほどなく殺害された。

▼**平康頼**　生没年不詳。平安末〜鎌倉前期の武士。阿波《あわ》国の住人から後白河の近臣となり、左衛《さえ》門《もんのじょう》尉・検非違使《けびいし》などを歴任。説話集『宝物集《ほうぶつしゅう》』の作者。

▼**西光(藤原師光)**　?〜一一七七年。阿波国の在庁官人《ざいちょうかんじん》の子というが未詳。初め藤原道憲《みちのり》(信西《しんぜい》)の家人《けにん》となるが、平治《へいじ》の乱《らん》で道憲が死ぬと、出家して西光と名乗る。のち後白河院に仕えて活躍したが、鹿ケ谷事件で斬首。

鬼界島に到着した三人がみたのは、

彼島は都《みやこ》を出てはるばると、浪路をしのいで行所也。おぼろけにては舟も通はず、島にも人まれなり。をのづから人はあれども、此土の人にも似ず、色黒うして、牛の如《ごと》し。身には頻《しきり》に毛おひつゝ、云詞も聞知らず。男は烏《え》帽子《ほし》もせず、女は髪もさげざりけり。衣裳なければ人にも似ず。食する物もなければ、只殺生《せっしょう》をのみ先とす。しずが山田を返さねば、米穀のるいもなく、園の桑をとらざれば、絹帛《けんぱく》のたぐひもなかりけり。（巻二・大納言死去）

〔その島は、都をでてはるばると、航海の苦難にたえていくところである。なみたいていでは船もかよわず、人もほとんどいない。まれに人がいるけれども、日本本土の人の姿形とは違って、色が黒くて牛のようである。体にはむやみに毛がはえており、言葉を聞いてもわからない。男は烏帽子もかぶらず、女は髪もたれていない。衣服がないので人に似てもいない。食物もないので、ただ漁猟をもっぱらとしている。農夫が田を耕さないので、米穀の類もとれず、園地に桑を植え、それをつみとって蚕《かいこ》を飼うこともし

ないので、絹帛の類もない。〕

という、まさに異界と呼ぶにふさわしい島の風景であった。

もちろん、このような表現は、物語上の演出として、必要以上に島やそこに住む人びとの異界性を強調したものである。しかし、すべてをまったくのフィクションと考える必要はないであろう。

島のなかには、たかき山あり、鎮《とこしなえ》に火もゆ。硫黄と云物みちみてり。かるがゆへに硫黄が島とも名付たり。（巻二・大納言死去）

〔島のなかには高い山があり、いつも火が燃えており、硫黄というものが満ち溢れている。このために硫黄が島とも名づけている。〕

という叙述などは、現在の硫黄島の風景そのものである。私は、二〇〇六年七月にこの島を訪れたが、そのときにみたものはまさにその光景であり、今でも強烈な印象が残っている。以下に述べる硫黄交易に関する叙述も、少なくともその物語が成立した十三世紀あるいはそれ以前の交易の実態や人びとの観念を下敷きにしたものであると考えられる。

さて、しばらくして、苦しい配流生活を送っていた三人のもとに、赦免《しゃめん》の知らせが届いた。しかし、そのなかに俊寛の名は含まれておらず、平康頼と藤原成経だけが都へ召し返されることになった。二人がいよいよ都に向けて島を離れるとき、俊寛は自分も同行させてくれと必死で訴えたが、聞き入れられず、彼一人が島に残された。このとき俊寛が必死に帰京を訴えるさまがのちに、能や歌舞伎などの演目として有名な「足摺《あしずり》」となった。

このような俊寛たちの鬼界島（硫黄島）での物語のなかで、これまで述べてきた硫黄貿易との関わりでまず注目すべき叙述は、次のような箇所である。

平康頼・藤原成経の二人が都に帰ってしばらくして、一人島に残された俊寛をたずねて、有王《ありおう》という若者がやってきた。彼は都で俊寛の侍童《じどう》（弟子）であった。有王は、「薩摩より彼島へわたる船津」から「商人船に乗ッて」、鬼界島に到着する。島を探しまわってやっと師の俊寛を探しあてた有王は、俊寛に島での生活のようすをたずねる。

これに対して、島での厳しい生活により衰弱しきった俊寛は、

> 此島には人のくひ（食）物たへてなき所なれば、身に力の有りし程は、山にのぼッて湯黄（硫黄）と云物をとり、九国（九州）よりかよふ商人にあひ、くひ物

にかへなンどせしか共、日にそへてよはりゆけば、今はその態《わざ》もせず。
（巻三・有王）
〔この島は人の食べるようなものがまったくない場所なので、体力のあるうちは、山にのぼって硫黄というものをとって、九州からやってくる商人にあい、食物と交換などしていたが、日ごとに体が弱ってきたので、今はそのようなこともしない。〕

と語る。この俊寛の言葉のなかに、当時の硫黄貿易の状況を探るための重要な手掛りがある。

それは、この島で産出される硫黄が商品として九州本土からやってくる商人に物々交換で売り渡されている点である。鬼界島は島外の世界からまったく隔離された、絶海の孤島ではないのである。先述のように、有王も薩摩の港と島を結ぶ「商人船」を利用しているのである。とすれば、鬼界島と九州本土のあいだには、しばしば商船の往来があり、その商船にとっては島でとれる硫黄が重要な商品であったと考えてよいであろう。

有王が島に渡って二〇日ほどして、衰弱の激しかった俊寛は死去した。俊寛を荼毘《だび》に付した有王は、その遺骨をもって、「商人舟のたよりに、九国の地へぞ着にける」(巻三・僧都《そうず》死去)と語られている。このことからも、鬼界島と九州本土のあいだでの商船の往来がかなり恒常的なものであったことがわかる。そして、このような鬼界島と九州本土を結ぶ航路は、薩摩のみで完結するものではなかった。

まだ平康頼・藤原成経と俊寛の三人が島にいるときに、彼らは、

丹波少将《たんばのしょうしょう》(成経)のしうと平宰相《たいらのさいしょう》(教盛《のりもり》)▲の領、肥前国《ひぜんのくに》鹿瀬庄《かせのしょう》より、衣食を常にをくら《(送)》れければ、それにてぞ俊寛僧都も康頼も、命をいきて過しける。
(巻二・康頼祝言《しゅうげん》)

〔丹波の少将・藤原成経の舅の平教盛の領地である肥前国鹿瀬庄から衣料や食料をつねに送ってもらっていたので、俊寛も平康頼もそれらで命をつないですごしていた。〕

とされている。ここにみえる「鹿瀬庄」は現在の佐賀市にあった荘園《しょうえん》であり、彼らは肥前国にある近親者の荘園から定期的に衣食の差入れを受けていたのである。このように、鬼界島は九州西海岸の航路でさらに肥前ともつながっていた。

▼平宰相(教盛) 一一二八〜八五年。忠盛《ただもり》の三男、清盛《きよもり》の異母弟。清盛を中心とするいわゆる平氏《へいし》政権のもとで、蔵人頭《くろうどのとう》・参議《さんぎ》・中納言《ちゅうなごん》などを歴任。一一八五(文治《ぶんじ》元)年、壇《だん》ノ浦《うら》で入水。

この鬼界島と九州本土とを結ぶ航路についてさらに『平家物語』をみていくと、先述のように、赦免によって都へ向かった藤原成経と平康頼はひとまず、島での生活の援助を受けていた肥前国鹿瀬庄に滞在した。ここからも鬼界島と肥前が航路で結ばれていたことが再確認できる。そして、しばらくして鹿瀬庄を発った二人は、「浦づたひ島づたひして」、二月十日ごろに備前《びぜん》国の児島《こじま》に着いた（巻三・少将都帰）。この叙述から、彼らが九州西海岸をあちこちの港や島によりながら北上し、さらに関門《かんもん》海峡をぬけて瀬戸内海にはいったことが推定できる。

とすれば、その九州での「浦づたひ」のなかには、要港博多《はかた》も含まれていた可能性が高い。そうすると、鬼界島から九州本土に延びた航路は、九州西海岸を北上し、博多にまでつながっていたと考えられる。この推定は、後代の史料ではあるが、先述の『海東諸国紀』の「日本国西海道《さいかいどう》九州之図」で、硫黄島のすぐ南にある口永良部《くちのえらぶ》（恵羅武）島から坊《ぼう》ノ岬《みさき》（房御崎）・天草津《あまくさつ》・松浦《まつら》などをへて博多の住吉《すみよし》（愁未要時）津までの航路が描かれていることからも支持されるであろう。

以上のように『平家物語』の叙述をみてくると、十二世紀末（平安末期）の硫黄

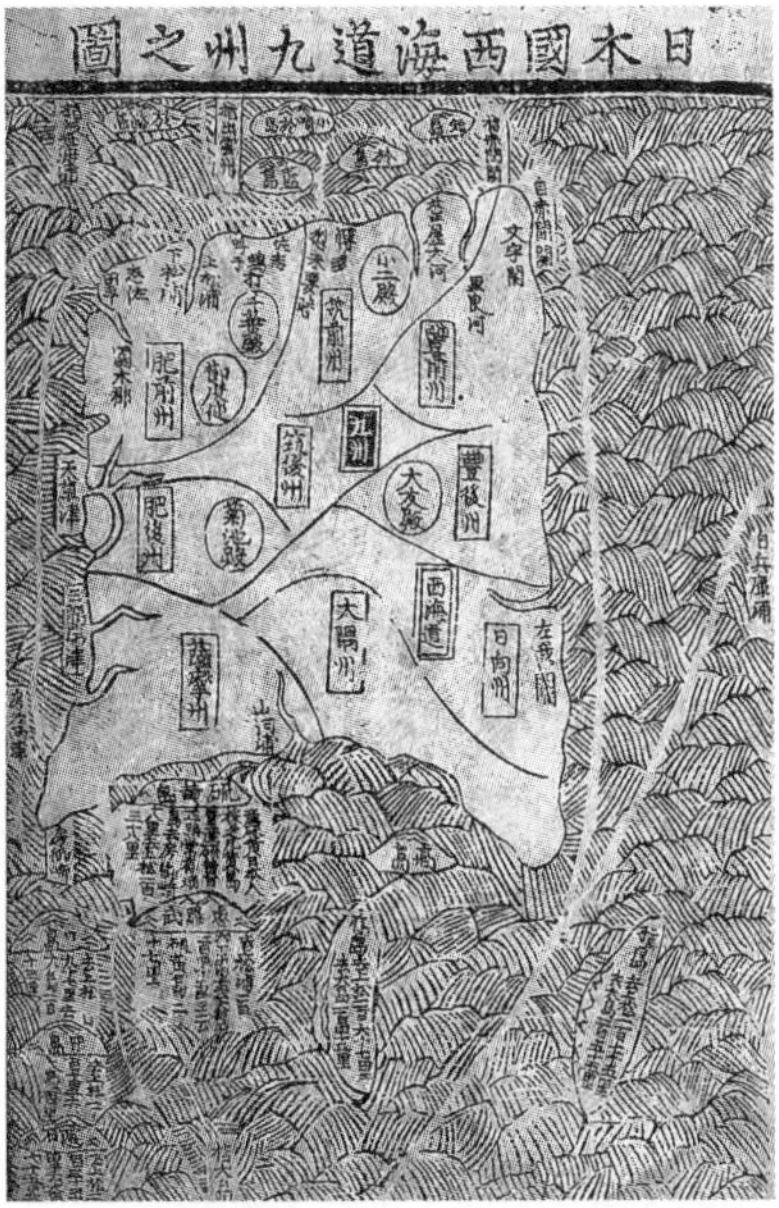

●──『海東諸国紀』にみえる硫黄島・博多航路

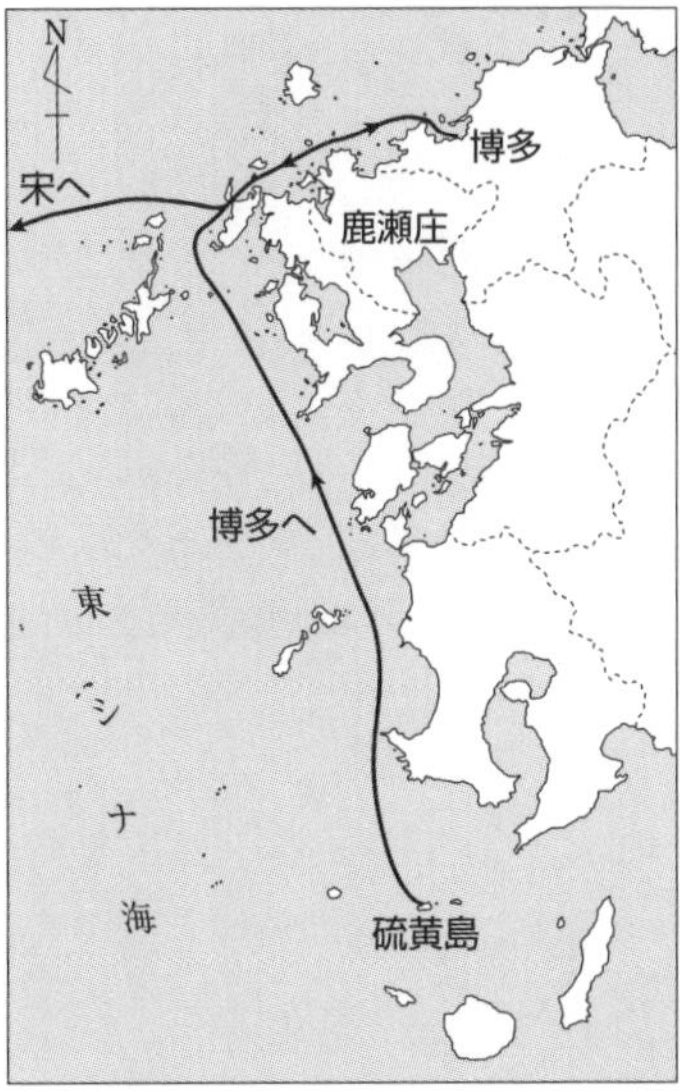

●──九州西海岸における硫黄交易ルート

●──堺で発掘された硫黄と容器のタイ産四耳壺《しじこ》

●—博多港湾護岸遺構

●—博多港湾護岸遺構出土の硫黄

島は少なくとも、薩摩↓肥前↓博多とつながる航路で九州本土と結ばれており、この航路を通じて、島で産出される硫黄が商品として運ばれていたと考えてよいであろう。そして、その交易ルートにより博多にもたらされた硫黄島産の硫黄は、博多の港から宋海商《かいしょう》によって中国に輸出されていたと想定される。こうして、宋海商によって中国に運ばれた日本産の硫黄は、前掲の硫黄関係記事ⓒⓓにみえるように、杭州あるいは明《めい》州などにおいて課税されたうえで、中国国内の官民の需要に供されたのである。近世の鉄砲生産地であった大阪の堺《さかい》では、壺に詰められた火薬原料と推定される大分産の硫黄が、十六世紀の遺構から早くに発見されていたが、博多においても二〇一九年に、十一世紀後半〜十二世紀前半の日宋貿易で利用された港湾護岸遺構から、硫黄島産と大分の火山地帯産の硫黄の小片が複数発見された。この発見により、上述のような貿易港博多から宋への硫黄の輸出が、現物によって証明されることとなった。

ちなみに、十六世紀の遣明《けんみん》使《し》策彦周良《さくげんしゅうりょう》▲が残した、明皇帝への進貢物《しんこうぶつ》調達にかかわる「渡《と》唐方《とうがた》進貢物諸色注文《しょしきちゅうもん》」という記録には、硫黄の積載方法として、

百斤別松板箱幷結桶《ゆいおけ》等ニ入之。先渡唐ハ筵《むしろ》包也。細々依包替タサレ多之、

殊船中無用心之間、桶箱仁入之。
〔百斤（約六〇キロ）ごとに松板の箱ならびに結桶などにいれる。以前の渡唐のときは筵包みであった。こまめにつつみかえるために細かくくだけた鉱石？が多く、船内が無用心なので、桶や箱にいれる。〕

とあり、以前は筵でつつんで輸出されていた硫黄が、不用心だということで、木箱や結桶というコンテナに詰められて輸出されるようになったという具体的な状況が記されている。

おそらく日宋貿易の時代も、とくに容器にいれることなく船の安定を保つためのバラストとして船底にならべられたり、場合によっては木箱・甕《かめ》などのなんらかの容器（コンテナ）にいれられたりして運ばれていったのであろう。

ところで、近年の日本中世史研究では、十三世紀になると薩摩国南方の島嶼《とうしょ》地域に対して北条得宗家《ほうじょうとくそうけ》やその被官《ひかん》の千竈《ちかま》氏▲および島津《しまづ》氏などの支配が進展したことが明らかにされてきている。先述の十三世紀明州の地方志『開慶《かいけい》四明《しめい》続志《ぞくし》』巻八・「蠲免抽博倭金《けんめんちゅうはくわきん》」には、倭商《わしょう》の船載した貿易品について、

其の販《あきな》うところの倭板・硫黄の属は、其の国主・貴臣の物多し。

▼**策彦周良**　一五〇一〜七九年。天竜寺《てんりゅうじ》の塔頭《たっちゅう》妙智院《みょうちいん》の住持をつとめた臨済僧《りんざいそう》。管領細川《かんれいほそかわ》家《か》の家老《ろう》井上《いのうえ》家の出身。名は周良、号は策彦。大内義隆《おおうちよしたか》の要請により、遣《けん》明使《みんし》として二度入明《にゅうみん》（一五三七〈天文《てんぶん》六〉年・副使、四七〈同十六〉年・正使）。その入明記録として『策彦入明記』初渡集・再渡集があり、妙智院に自筆原本が現存している。

▼**千竈氏**　もと尾張《おわり》国千竈郷の御家人《ごけにん》。得宗家に仕え、薩摩国河《かわ》辺《なべ》郡をあたえられて下向《げこう》・土着した。

〔日本商人が販売する板（材木）や硫黄の類は、その国の国主や重臣の貿易品であるものが多い。〕

という記述がみえるが、この中国史料の記述は、以上のような日本の支配層による薩南諸島への支配強化と、その一環としての硫黄も含めた特産物の商品化（いくつかのものについては輸出商品化）が進展したことを貿易の相手側から証言していると考えてよいであろう。

なお、前掲の日本産硫黄輸出関連記事ⓖでは、十二世紀半ばに中国の温州に漂着した日本の船が記録されているが、男女ともに乗り組んでいる点やその人数などからみて、この船は日本の国内航路を航行していたものではないかと思われる。そして、その船が硫黄を積んでいたことと、漂着地温《おん》州の地理的位置から考えて、その船は硫黄島産の硫黄を運ぶ途中で遭難したものである可能性もあるのではなかろうか。

以上みてきたように、十世紀末から十一世紀初頭ごろに輸出が始まった日本産の硫黄は、九州南方の小さな火山島から中国大陸まではるばる海を渡り、そこで火薬に加工されたのち、内陸アジアの異民族との戦争にまで使用されていたのである。このような硫黄の広域流通はまさに、「海のアジア史」と「陸のアジア史」のつながりを明確にものがたる事例であるといえよう。

④―朝鮮半島、東南・内陸アジアからの硫黄

朝鮮半島からの硫黄

つぎに、さらに視野をアジア各地に拡大して、朝鮮半島・東南アジア・内陸アジア産の硫黄の流れについてみてみよう。

まず、朝鮮半島に関しては、現在の中朝国境地帯に白頭山《はくとうさん》(長白山《ちょうはくさん》)を主峰とする火山帯があるが、南側の半島部には、済州島《さいしゅうとう》や鬱陵島《うつりょうとう》などの少数の離島を除いて、ほとんど火山が存在しない。そのため、自然硫黄の産出もきわめて限られたものであったと考えられる。

のちの朝鮮王朝時代の記録をみても、『新増東国輿地勝覧《しんぞうとうごくよちしょうらん》』▲巻一四・「忠清《ちゅうせい》道《どう》」や『朝鮮王朝実録《ちょうせんおうちょうじつろく》』成宗《せいそう》・巻八四・八(一四七七)年九月二十七日(辛卯《しんぼう》)条などに忠州《ちゅうしゅう》や慶《けい》州などでの硫黄の産出記録が若干みえるものの、当時朝鮮でも製造が始まっていた火薬(中国から朝鮮半島に火薬が伝来した具体的な時期は不明。しかし、少なくとも高麗《こうらい》王朝末期の十四世紀後半以降は、火薬の記録あり)の原料としての硫黄は、大部分が日本より輸入されていた。

▼『新増東国輿地勝覧』　朝鮮王朝により編まれた官撰地理書。一四八一～一五三一年に増補改訂。その最終版が本書で、全五五巻。二京八道の朝鮮全土にわたり、各州府郡県の建置沿革から文化面にいたるまで、目を立てて関係資料を分類・総覧する。その価値は、単なる地誌にとどまらず、文化史史料としても貴重。

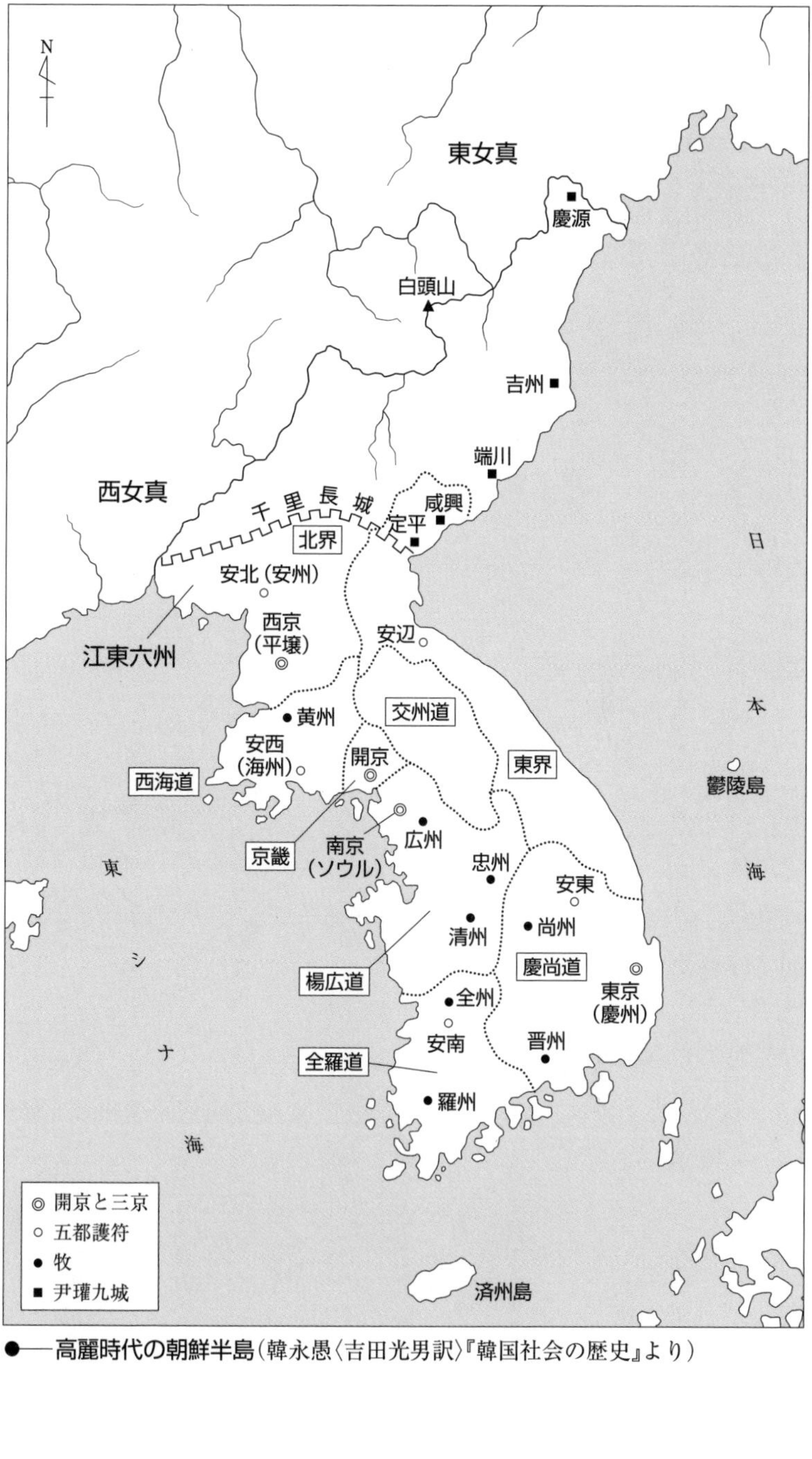

●——高麗時代の朝鮮半島（韓永愚〈吉田光男訳〉『韓国社会の歴史』より）

ちなみに、現在の韓国においても、自然硫黄はほとんど産出しないようである。ただ、北宋《ほくそう》末の一一二三年に、徽宗《きそう》皇帝の命により高麗に派遣された外交使節の記録である『宣和奉使高麗図経《せんなほうしこうらいずきょう》』▲巻二三・雑俗二・「土産」では、羅《ら》州において硫黄が産出し、それが土貢《どこう》の一つとされていたことが記されており、宋代に併行する時期の朝鮮半島で、硫黄がまったく産出しなかったわけではないらしい。

そして、おそらくはそのわずかに産出する硫黄を利用したものであろうが、宋代諸制度の沿革を集成した『宋会要輯稿《そうかいようしゅうこう》』▲第一九九冊・蕃夷《ばんい》七・歴代朝貢《ちょうこう》の天聖《てんせい》八（一〇三〇）年十二月十三日条や熙寧《きねい》四（一〇七一）年八月一日条などに、高麗国王から宋皇帝に献上された朝貢品のなかに硫黄が含まれている事例がみられる。

これらの記事にみえる硫黄は、その総量も記されておらず、薬用か軍事用かその用途も不明である。ただ、朝鮮半島における上述のような硫黄産出状況を考えると、おそらくは、同時代の日本から大量に船載されていたという状況とはまったく異なり、少量が薬用として朝貢品の一部に加えられていたのであろ

▼**『宣和奉使高麗図経』**　一一二三年、国信使《こくしんし》の一員として高麗に使した徐兢《じょきょう》（一〇九一〜一一五三年）の記録。帰国後の一一二四年に、皇帝に進上された。その書名のように、もとは図がそえられていたが、現在は失われている。著者自身による実地見分の記録であり、当時の高麗の国情に関する記録として史料的価値はきわめて高い。使節団一行が搭乗した外洋航行船の構造や宋・高麗間の航路の記録としても貴重。

▼**『宋会要輯稿』**　宋代諸制度の沿革を帝系《ていけい》〜蕃夷の一七門に分類して総述した、宋代史研究の基本史料。宋代の原本は伝存せず、明初の『永楽大典《えいらくたいてん》』に引用された逸文を、清の徐松《じょしょう》（一七八一〜一八四八年）が編輯。

う。

しかしいずれにしろ、これらの史料から、宋代において、朝鮮半島から中国に向かう硫黄流通の流れが確実に存在していたことはわかるであろう。そしておそらく、この硫黄はほかの朝貢品とともに、宋の敵対国である北方の遼《りょう》の領域をとおることを避け、海路により中国に運ばれたものと考えられる。

東南アジアからの硫黄

つぎに、東南アジア産の硫黄についてみてみよう。北宋末から南宋にかけて、宋海商《かいしょう》たちの対東南アジア貿易の発展にともない、「東南アジア貿易ガイドブック」とでも呼ぶべき、東南アジア各地の政治・経済・文化・自然状況などを細かく記した複数の地理書が宋の国内で編纂された。そのガイドブックの代表的なものの一つが、一二二〇年代に趙汝适《ちょうじょかつ》▲によって編まれた『諸蕃志《しょばんし》』である。この書の巻上・「志国」をみると、現在のインドネシアのジャワ島東部に比定される「闍婆国《じゃばこく》」の条で、中国に向けて輸出される特産品の一つに硫黄があげられている。

▼**趙汝适**　生没年不詳。宋の宗室の一員。太宗《たいそう》の八世の孫にあたる。十三世紀初めに泉《せん》州の提挙市《ていきょし》舶《はく》をつとめる。『諸蕃志』は、提挙市舶の任にあった著者が先行する文献に泉州在任中の見聞やその他の記録を加えて編集。一二二五年の序文があるので、そのころに成立したと考えられる。上下二巻のうち、上巻には宋と交通があり知られていた東南アジア・インド・西アジア・アフリカなどの諸国の地理・社会・風俗を記す。下巻には、それらの諸国の物産や交易の状況を述べる。宋代の海域アジアに関する基本史料の一つ。

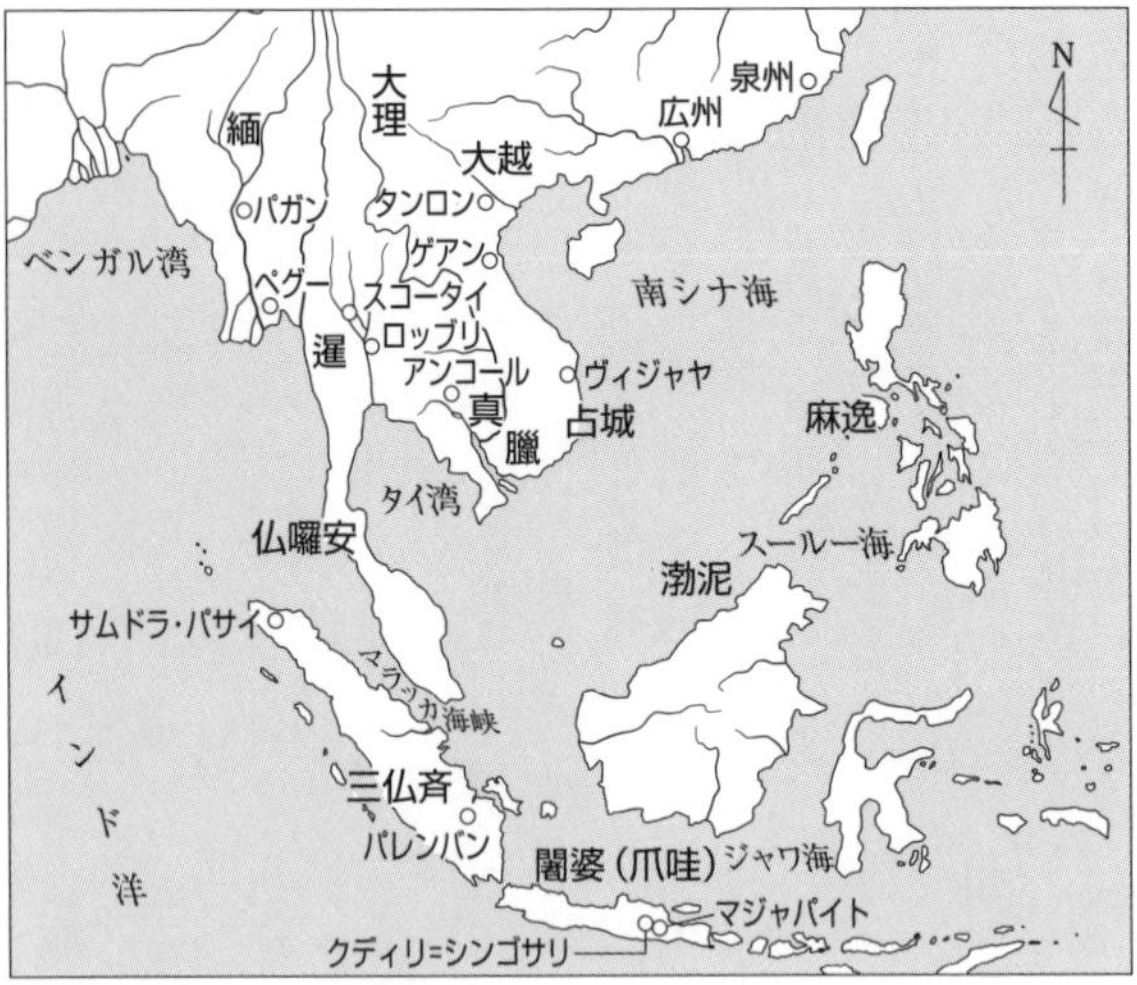

●――一〇〇〇～一三〇〇年ごろの東南アジア（加藤友康編『日本の時代史6　摂関政治と王朝文化』より）

●――7世紀ごろの東南アジア（池端雪浦編『新版　世界各国史6　東南アジア史II』より）

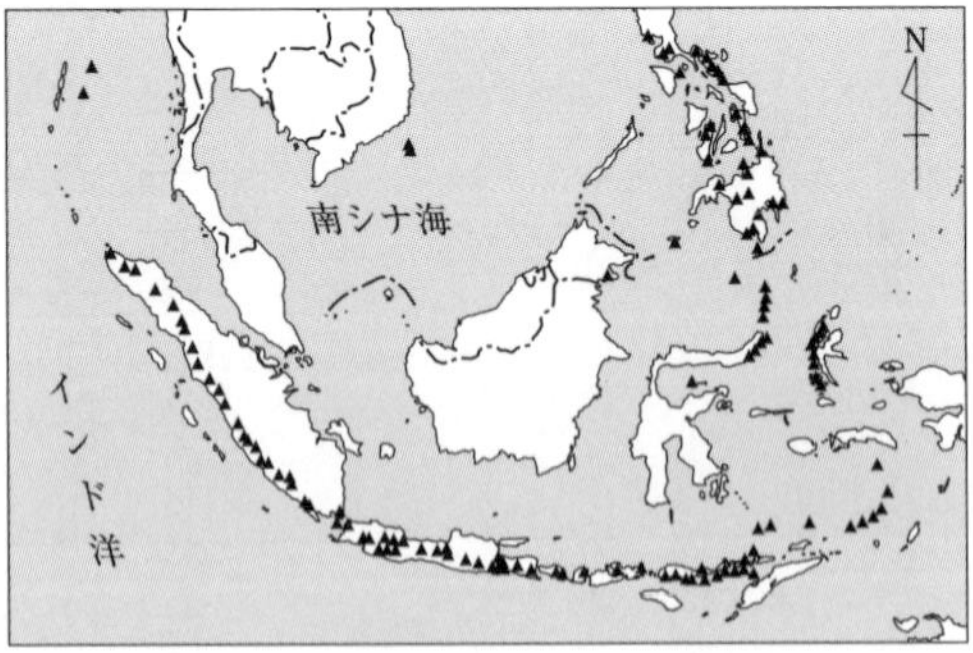

●――東南アジア島嶼部の火山分布（http://www.volcano.si.edu/world/region.cfm?rnum=06より）

当時のジャワ島において、硫黄が特産物の一つであり、宋代の中国にも船載されていたことは、『宋史』巻四八九・闍婆国伝などにもみえる。やや時代をさかのぼれば、宋代以前のいくつかの本草書に、扶南《ふなん》(カンボジア)▲・林邑《りんゆう》(チャンパー)▲に産出する「崑崙黄《こんろんおう》」と呼ばれる良質な硫黄の記事がみえるが、これはもちろん海路で中国にもたらされたと考えられる。ただ、その時期の中国における硫黄用途を考慮すれば、火薬原料としての輸入とは考えがたく、宋代の東南アジアからの船載量には遠くおよばないであろう。

東南アジア島嶼《とうしょ》部の火山分布図をみると、インドプレートとユーラシアプレートのプレート境界に位置するスマトラ島からジャワ島、さらにはその東方の島々にかけて、非常に多くの火山が分布していることがわかる。このような自然条件のもとで大量に産出される自然硫黄が、宋代の中国にももたらされていたと考えられる。なお、ジャワ島では現在でもイジェン山などの火山で、人力による硫黄採掘が行われており、そのようすは『平家物語《へいけものがたり》』の鬼界島《きかいがしま》を彷彿とさせる。

このように、東南アジアからも、海商の貿易船に船載され、宋代の中国に向

▼**扶南(カンボジア)**　一～七世紀前半ごろに、カンボジアのメコンデルタ地帯を拠点として周辺地域を支配したクメール族の国家。とくにその外港のオケオ遺跡は有名であり、ローマの貨幣、ヒンドゥー教の神像や中国様式の鏡・仏像など、東西交易の繁栄をものがたる遺物が多数発見されている。七世紀半ばごろ、真臘によって併合された。

▼**林邑(チャンパー)**　二～十七世紀に、現在のベトナムの中・南部に存在したチャム族の王国。中国史料では古くは「林邑」と呼ばれ、のちの九世紀後半ごろ以降は「占城」と表記された。西アジア～中国の海上交易路上の重要な集散地・中継地として繁栄。

●──ジャワ島イジェン火山の硫黄採取

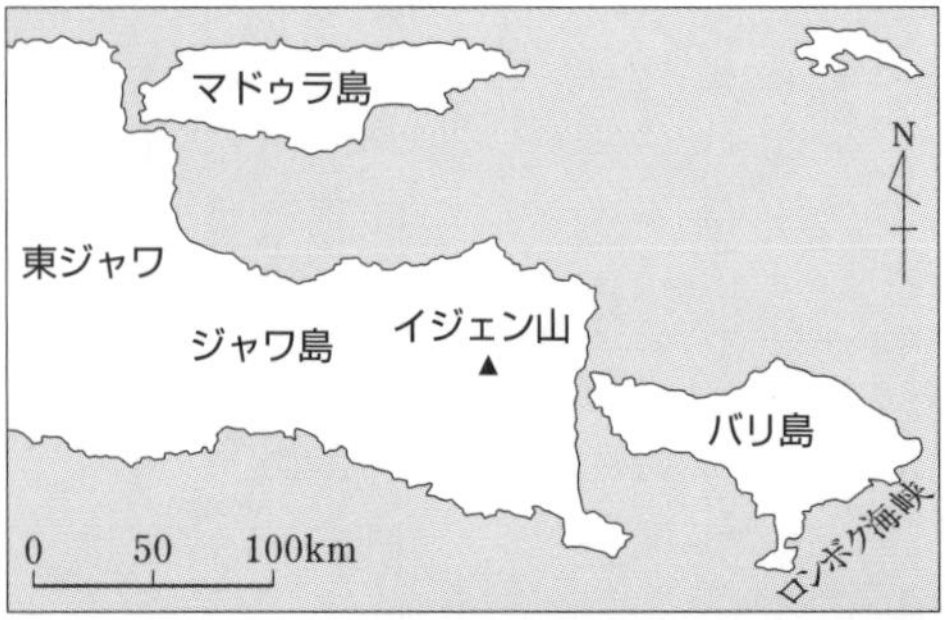

けて硫黄が大量に流入していたのである。なお、十四世紀初頭の『真臘風土《しんろうふど》記《き》』「欲得唐貨《よくとくとうか》」条には、現在のカンボジア地域にあたる真臘国に中国から硫黄が輸出されていた記録がみえる。このように一部、中国から輸出された硫黄もあったようであるが、この記録でとくに注目すべき点は「硫黄・焔硝《えんしょう》」と、両者がならべて表記されている点である。つまりこの記録は、火器技術の中国周辺への伝播を考えるうえで非常に興味深い記録なのである。

内陸アジアからの硫黄

ついで、内陸アジアで産出される硫黄の流通状況をみてみよう。北宋初の十世紀末、楽史《がくし》らにより編纂された地理書『太平寰宇記《たいへいかんうき》』の巻一八六・西戎《せいじゅう》七には、五世紀前半に天山《てんざん》山脈の中・西部に存在した、悦般国《えっぱんこく》と呼ばれるトルコ系遊牧《ゆうぼく》国家の情報が載せられている。

その記録によると、この国の南部には火山があり、人びとはそこで薬用としての硫黄をとるとされている。この悦般国に関する情報は、西晋《せいしん》・張華《ちょうか》の『博《はく》物志《ぶつし》』や『魏書《ぎしょ》（北魏書）』巻一〇二・西域伝などのより古い史料に基づくもので

▼**『真臘風土記』** 元の周達観《しゅうたつかん》の撰。一二九七年以後に成立。一二九六年、元使の随員として真臘に赴き、翌年帰国した著者の実地見分に基づき、アンコール王朝盛期の状況を記録する。

▼**『太平寰宇記』** 宋の太宗による中国主要部の再統一をうけ、その境域や周辺民族の状況を明らかにするため、勅命《ちょくめい》により編纂。二〇〇巻・目録二巻。十一道・四夷《しい》に分けて、各道州県ごとに沿革・戸数・人物・芸文・土産などの項目を記述。

▼**『博物志』** 三世紀末成立。一〇巻。世界の山川・諸国・物産・習俗・動植物・薬剤・服飾・食物・方士・器物などに関して、幅広く異事を収載。

▼**『魏書(北魏書)』** 北魏王朝の歴史を記す。正史の一つ。北斉《ほくせい》の魏収《ぎしゅう》撰。一三〇巻。本紀・列伝部分は五五四年、志《し》の部分は五五九年にそれぞれ完成。

❶――悦般国の位置(松田壽男・森鹿三編『アジア歴史地図』をもとに作成)

あり、以後も繰り返し中国の諸史料に記録されている。

このことは、内陸アジアの天山山脈一帯で産出される硫黄が、ある程度継続的に中国に薬用として輸入されていたことをものがたるものであろう。中央アジア史家の松田壽男は、この内陸アジア産の硫黄が、青海《せいかい》—四川《しせん》盆地というルートを通じて中国に輸入されていたと推定している。

ただし、このような古くから内陸アジアにおいて流通していた硫黄は、悦般国の硫黄記事からもわかるように、その用途はおもに薬用、つまり薬の微量成分の一つであり、またいわゆる「シルクロード」をとおる商人たちにより、ラクダや馬の背に積まれて、ごく限られた量が中国に運び込まれていたと考えられる。

このような内陸世界における硫黄流通の状況は、宋代以降の日本・東南アジア産硫黄のように、火薬原料として貿易船で一挙に大量に輸入されるという海域世界の状況とは著しく異なっており、輸入総量もそれに比べてはるかに少ないものであったと推測される。この点に関連して、後代の史料ではあるが、先述の明《みん》末の『天工開物《てんこうかいぶつ》』中巻・一一「焙焼《ばいしょう》」、下巻・一五「兵器」などでは、北方の蛮地では硫黄が産出しないと述べられており、明代における内陸アジアでの硫黄の産出とその中国への流入が、きわめて少なかったことがわかる。

そうすると、この場合も、日本や琉球《りゅうきゅう》から大量の硫黄がおもに火薬原料として船載されていた、同時代の海域世界における状況とはまったく異なっており、内陸世界と海域世界における硫黄流通の状況が、宋代と同じような対照をみせていることが読みとれる。

このように、その流通量の多寡の問題はあるにせよ、内陸アジアから中国に向かう陸上の硫黄ルートは、宋代のはるか以前から確実に存在していたのである。しかし残念ながら、管見のかぎり、宋代の中国へ内陸アジアの硫黄が流れ込んでいたことを明確にものがたる事例を提示することはできない。

ただ、ややのちの元代の史料に注目すべき事例がみられる。それは、『元《げん》史《し》』▲巻一二・世祖本紀《せいそほんぎ》・至元《しげん》二十（一二八三）年十月壬寅《じんいん》条の記事である。そこには、「甘《かん》州の硫黄を納むる貧乏なる戸に鈔を給う」とあり、「シルクロード」の要衝であった甘州において、元代に硫黄を貢納する戸が設定されていたことがわかる。つぎの明代の『大明一統志《だいみんいっとうし》』▲巻三七では、甘州や粛《しゅく》州での硫黄の産出が記

▼**『元史』**　元王朝の歴史を記録する。正史の一つ。明の宋濂《そうれん》ら奉勅撰。一〇巻。一三七〇年に完成。

▼**『大明一統志』**　天順《てんじゅん》帝の命により編纂された地理書。李賢《りけん》ら撰。九〇巻。一四六一年成立。京師《けいし》・南京《なんきん》・中都《ちゅうと》・一三布政司《ふせいし》の順に、各府の建置沿革・郡名・形勝・風俗・山川・土産・古蹟・人物など二〇項目について記述。

されているので、この『元史』にみえる硫黄貢納戸もとくに疑いを挟むような存在ではないであろう。そうすると、この記録はつまり、元代における内陸アジアでの硫黄の産出と中国に向けてのその流入をものがたる史料となる。

この甘州の硫黄貢納戸に関して、さらにやや時期をさかのぼって考えてみると、その地域がかつて西夏《せいか》の支配領域にはいっていたことが注目される。というのも、最近、南宋北西辺境の金・西夏との係争地域における火薬技術に関する興味深い史料が、中国人研究者によって紹介されたからである。

その史料とは、ロシアのサンクトペテルブルグに所蔵されている一通の西夏関連の古文書であり、その文書には、十二世紀前半に、宋に反いて金に降ったこの地域の軍閥が「火薬匠《かやくしょう》」と呼ばれる漢人《かんじん》の火薬技術者を支配下におき、戦闘に際して彼らの徴発を行っていたことが記されているのである。

この記録からすれば、当時、この係争地域やその後背地一帯では、漢人の火薬技術者により自前の火薬兵器が製造されていたと考えられる。そうすると、甘州などで産出する内陸アジアの硫黄が、その地域の交易路を制圧していた西夏などでも火薬の原料として利用されていた可能性がでてくる。

この結果、内陸アジア産の硫黄の宋への流入が、はなはだしく制限されていた可能性も考えられよう。上述のように、宋代の中国史料のなかに内陸アジア産硫黄の流入記事がなかなかみつからないのは、あるいはこの理由によるのかもしれない。そして、さらに推測すれば、宋代に海を越えて大量の硫黄が輸入されなければならなかった理由の一つは、この内陸アジア産硫黄の流入の減少にあったのかもしれない。

以上のように、宋代の中国へは、日本からだけでなく、朝鮮半島・東南アジア・内陸アジアなどからも硫黄が流れ込んでいた。これらアジア各地から中国に流れ込む硫黄のうちで、内陸アジアから陸路で中国にもたらされる硫黄をかりに「陸の硫黄」と呼んでみたい。そして、日本・東南アジア・朝鮮半島などから海路を利用してもたらされる硫黄を「海の硫黄」と名づけてみたい。

そうすると、宋代以降、硫黄に火薬原料という従来よりもはるかに大量の需要が生まれたとき、古くからの「陸の硫黄」ではとうていその需要をまかなうことができなかった。そこで、船で一挙に大量かつ安価に輸入可能な「海の硫黄」が主流となったとは考えられないであろうか。この推測が当をえているとしたら、硫黄流通の歴史のうえで、宋代はまさに「陸の硫黄」から「海の硫黄」への一大転換点であったといえるであろう。そして、その転換を可能にした最大の要因が、宋代における海上貿易の発展であったのではなかろうか。

⑤—西アジアの史料にみえる硫黄

ペルシア湾地域

これまで、おもにアジア東部における硫黄の流通をみてきたが、こんどは同時代のアジア西部におけるその状況をみてみよう。ここで、西アジアからアフリカ北東部における火山分布図をみると、その地域にもいくつもの火山が存在していることがわかる。そして、『旧約聖書』のヨブ記・イザヤ書・エゼキエル書などにも硫黄の記述が登場することから、それらの火山活動に由来する自然硫黄が、古くから利用されていたと考えられる。それではこのアジア西部では、中国の宋《そう》代に併行する時期に、どのような硫黄の流れが存在したのであろうか。

この問題については、つぎのような興味深い史料が残されている。十三世紀ペルシアの詩人・旅行家として著名なサアディー▲には『薔薇園《ばらえん》(グリスターン)』▲という文学作品がある。その第三章「満足の徳について」には、以下のようなサアディーの体験が記されている。

私はある商人を見た。この商人は百五十駄《だ》の商品と、四十人の奴隷と、

▼**サアディー**　一一八四～一二九一年。近世ペルシアを代表する詩人。イランのシーラーズの生まれ。一二一〇年ごろ、トルキスタンのタシケントに旅行し、一二二六～五六年ごろにはインド・イラン・中央アジア・イラク・シリア・パレスチナ・アラビア・エジプト・エチオピア・小アジア・北アフリカなどを遍歴。

▼**『薔薇園(グリスターン)』**　散文を主体として種々の形式の詩句を織り込んで書かれた作品。旅行中の見聞・昔物語・逸話や実践道徳・人生訓などを記す。

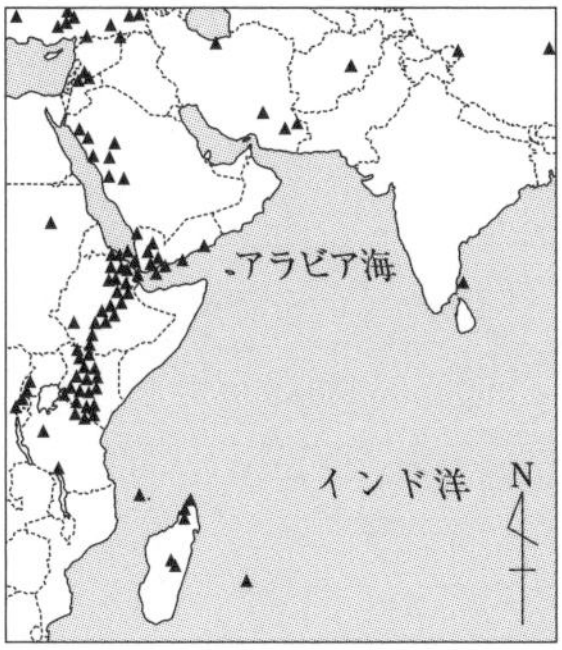

●—西アジア・アフリカ北東部における火山分布(http://www.volcano.si.edu/world/region.cfm?rnum=03より)

●—キーシュ島の位置

●—キーシュ島ハリーレ遺跡とペルシア湾

下僕《げぼく》を所有していた。ある夜キーシの島（ペルシア湾のキーシュ島）で、この商人が私を私室に招じ入れて、とりとめもない話に一夜を語り明かしたことがあった。「トルキスターンには私の倉庫がある。ある商品はインドに置いてあり、これはある地の地券で、ある商品の保証人は某々だ……」と。

　こう話すかと思うと、「こんどはアレキサンドリアに参るつもりだ。かしこは気候がよろしいので」と語り、また「いや西方（マグリブ）の海路（地中海）は荒くて不安が多い。サアディーよ！　私はもう一度旅に出かけようと考えている。この旅を終えたら隠退し、不服を言わずに余生を送りたい！」と述べた。

　そこで私はその最後のはどのような旅かと尋ねた。答えて曰《いわ》く、「ペルシア産の硫黄を支那《しな》へ持って参りたい。支那では値がよいということである。そして支那の陶器をルーム（小アジア）の国へ持って参り、ルームの錦《きん》襴《らん》をインドへ、インドの鋼《はがね》をアレッポへ、アレッポ製の鏡をばヤマン（アラビア半島の西南端にある国の名）へ、ヤマン産の縞布《しまぬの》をペルシアへ——それから後は一切旅を打ち切って、店頭に坐ることにいたしたい！」と。

▼カーリミー商人　アッバース朝治下のバグダードにおける政治混乱を契機に、十世紀末以降、東西交易の主要ルートがペルシア湾ルートから紅海ルートにシフトした。これにともない、カーリミー商人たちの活動が発展していった。

彼らは、イエメンのアデンでインド商人から香辛料・木材・絹織物・綿織物・陶磁器などを買い付け、紅海西岸のアイザーブから陸路で上エジプトのクースをへて、さらにナイル川をくだってカイロ・アレクサンドリアにいたった。

そしてそこで、ヴェネチアやジェノヴァなどのイタリア商人と取引をした。

（平凡社東洋文庫本・二〇一～二〇二ページ）

このサアディーの記録にみえるように、当時のペルシア湾地域における主要貿易港の一つであるキーシュ島を拠点とする老商人は、ペルシア産の硫黄を、利幅の大きい貿易品の一つとして中国に輸出しようとしていた。このことから、十三世紀当時のペルシアからも、海路で中国に硫黄がもたらされていたことがわかる。

紅海地域

アジア西部における硫黄の動きをさらに探っていくと、十一世紀半ばから十五世紀ごろにかけて、エジプトのカイロ・フスタートを軸心とし、紅海《こうかい》—アラビア海—インド洋の海上交易で主役を演じた「カーリミー商人▲」と呼ばれるムスリム商人集団の事例が注目される。

十三世紀イエメンのラスール朝▲第二代のスルタン＝ムザッファル▲の治世に作成された税務行政の記録『壮麗なるムザッファルの時代におけるイエメンの統治と法律そして諸慣習に関する知識の光』には、「エジプトの諸地域から到来す

▼ラスール朝　一二二九～一四五四年にイエメン地方を支配した王朝。一二二九年、アイユーブ朝より独立し、ザビードを首都にメッカからイエメン・ハドラマウトにいたる広大な領域を支配。アデンやシフルなどの国際的な運輸・貿易活動の拠点を管理・統制し、莫大な財政収入をえる。

▼スルタン＝ムザッファル　在位一二五〇～九五年。積極的な領土拡張策のもとで、ヒジャーズ地方からハドラマウト地方までのアラビア半島南西部を広く支配するとともに、紅海湾口のバーブ・アルマンデブ海峡とアデン湾周辺の諸港市をも統制下におき、以後のラスール朝の繁栄の基礎を築いた。

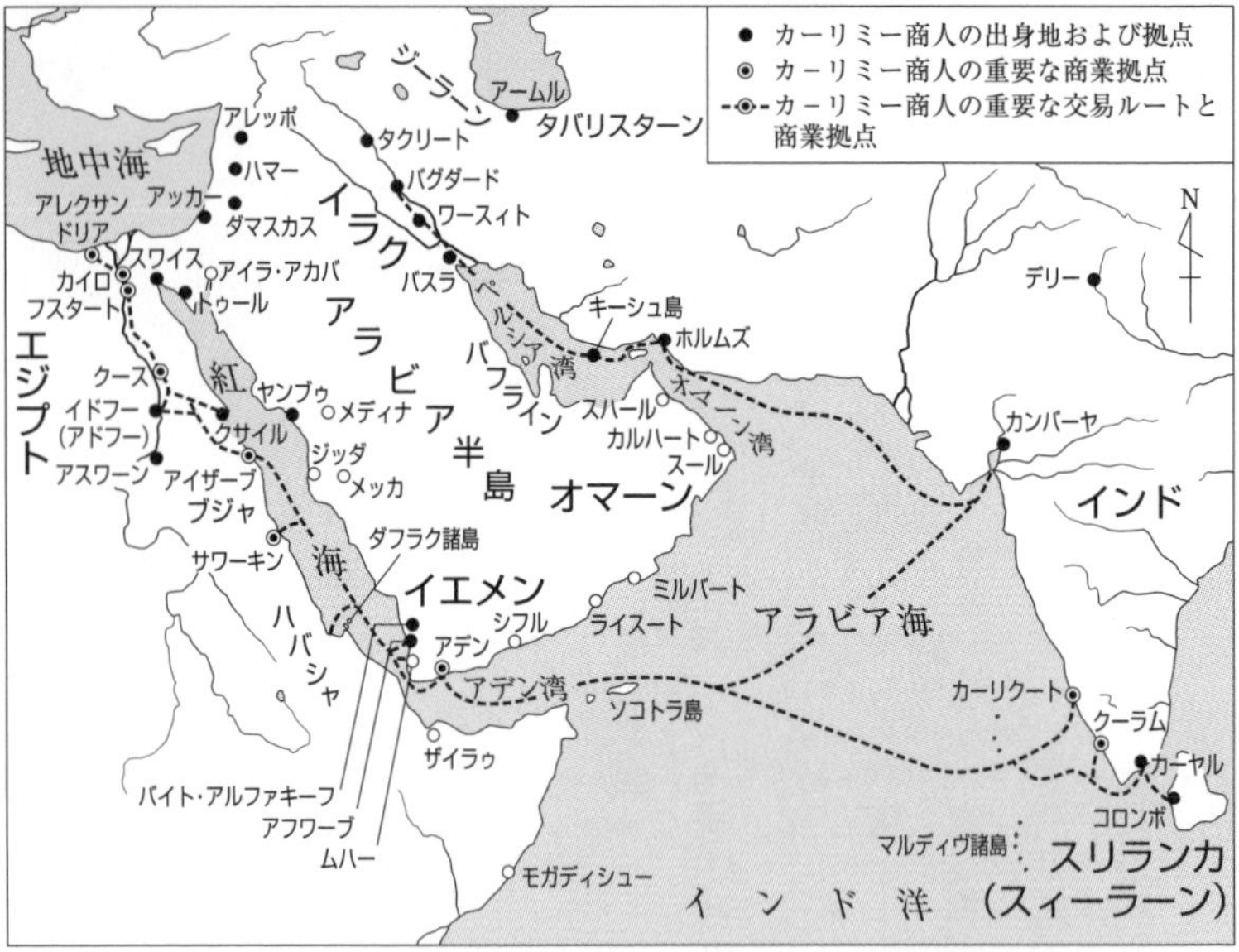

●──カーリミー商人の交易ルート(家島彦一『海域から見た歴史』より)

●──港に停泊する木造帆船ダウ　おそらく，硫黄はこのようなタイプの船によって，インド洋海域を運ばれた。

る諸商品」という一節に、アデン港税関の取扱品＝カーリミー商人の手によりエジプトからアデン港を介してインド向けに積み出される商品の一つとして硫黄があげられている。

この史料に記録されている硫黄はインド向けのものではあるが、当時のムスリム海商《かいしょう》たちの交易の大動脈が、インドを中継点として中国と西アジアとを結ぶものであったことや、先述のサアディーの記録にみえる同時代のペルシアにおける硫黄の対中国貿易を考えあわせると、このインドに輸出された硫黄がさらに中国に転売されていた可能性も十分に考えられるであろう。また、カーリミー商人のなかには、中国に交易に赴いた者たちもいたことが明らかにされているが、このことから考えても、彼らが中国における硫黄需要を熟知していた可能性は高いのではなかろうか。

これら二つの事例から、中国の宋代に併行する時期のアジア西部においても、アジア東部よりもさらに広大な海域をまたぐ、中国へ向けた硫黄の流れが存在したことがわかる。

海域アジアの「硫黄の道」

これまでみてきたように、宋代《そうだい》以降の中国は、東は日本列島から西はペルシア湾・紅海《こうかい》湾岸にかけての広大な海域にまたがる海のルートを通じて、アジアの東西から大量の硫黄を吸収していた。

このような、広大な海域アジアをつなぐ恒常的な硫黄の流通ルートを、「硫黄の道 Sulfur Road」と名づけてみたい。この硫黄の道が形成された最大の要因は、中国における火薬の発明とその後の火薬兵器の発達であった。とくに、火薬技術が東アジア周辺地域や西アジアおよびヨーロッパなどに広く伝播する以前の宋代には、中国は硫黄をほぼ独占的に、いわばブラックホールのように吸いよせていたと思われる。

ところで、最近、カリフォルニア州立大学のスン＝ライチェン(孫来臣《そんらいしん》)が、前近代のアジアにおける火器技術に関して興味深い議論を展開している。彼によれば、一三九〇年から一六八三年にかけての東部アジア地域(中国・朝鮮・日本・東南アジア・東北インド)では、中国起源の火器技術を中軸とする第一波の時代(一三九〇〜一五一一年ごろ)とヨーロッパにより改良された火器技術が波及した第二波の時代(一五一一〜一六八三年ごろ)をへながら、きわめて創造的・革新的な火器技術が展開していたとされる。そしてその火器技術は、アジア史全体の展開においてきわめて重要な役割を演じていたとされ、この時期を東部アジアにおける「火器の時代 The Age of Gunpowder」と呼ぶべきことが提唱されている。

このスン＝ライチェンの構想を本書の「硫黄の道」の議論とつなげると、彼の主張する十四世紀末以降の「火器の時代」の前提として、その火器の重要な原料である硫黄を大規模かつ恒常的に確保することのできる流通ルート・流通システムが確立されていなければならない。

すなわち、「火器の時代」を準備し、支えたものが、十一世紀ごろ以降に形成

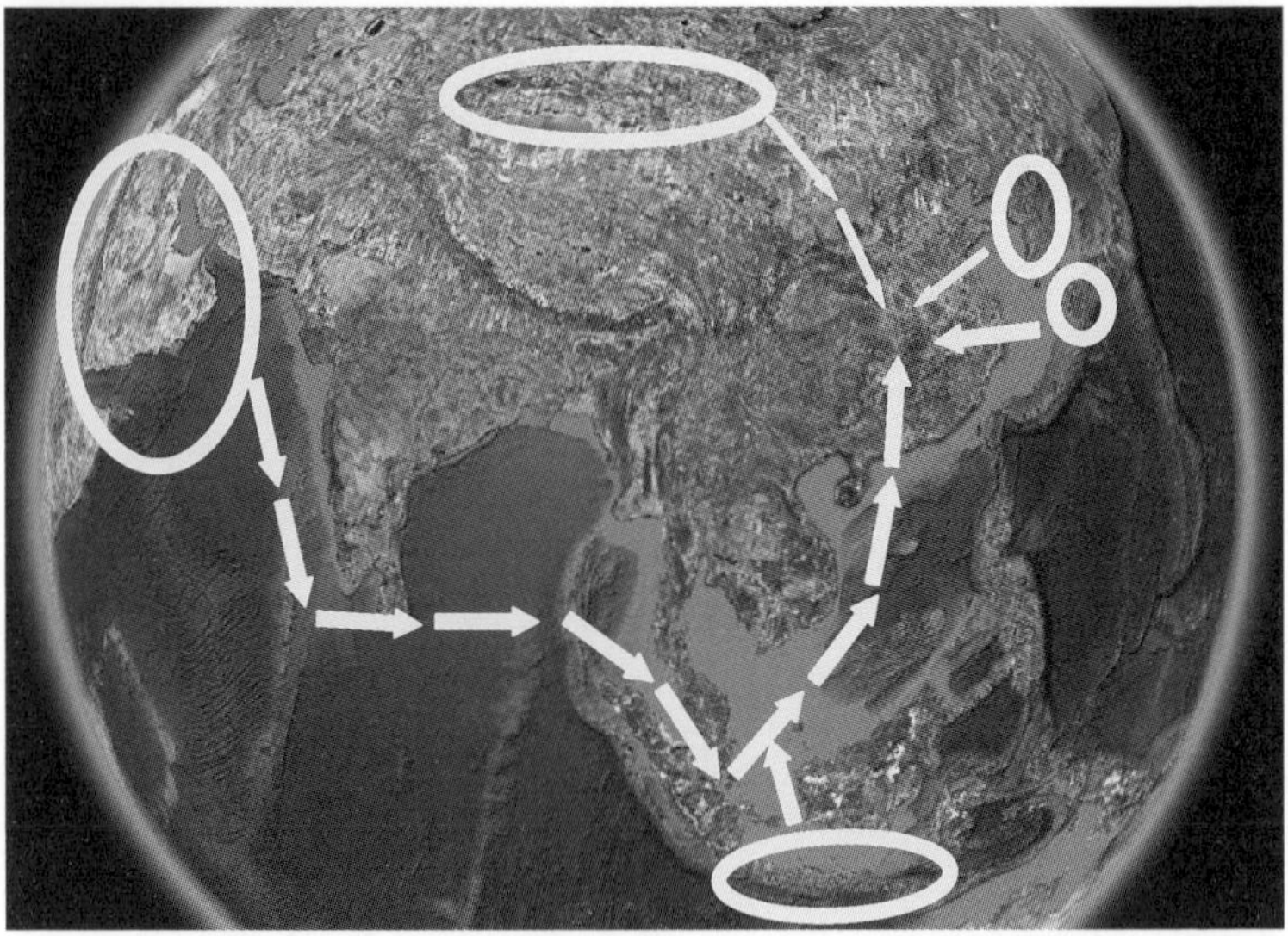

●─アジアにおける「硫黄の道」概念図

●─硫黄鳥島の全景

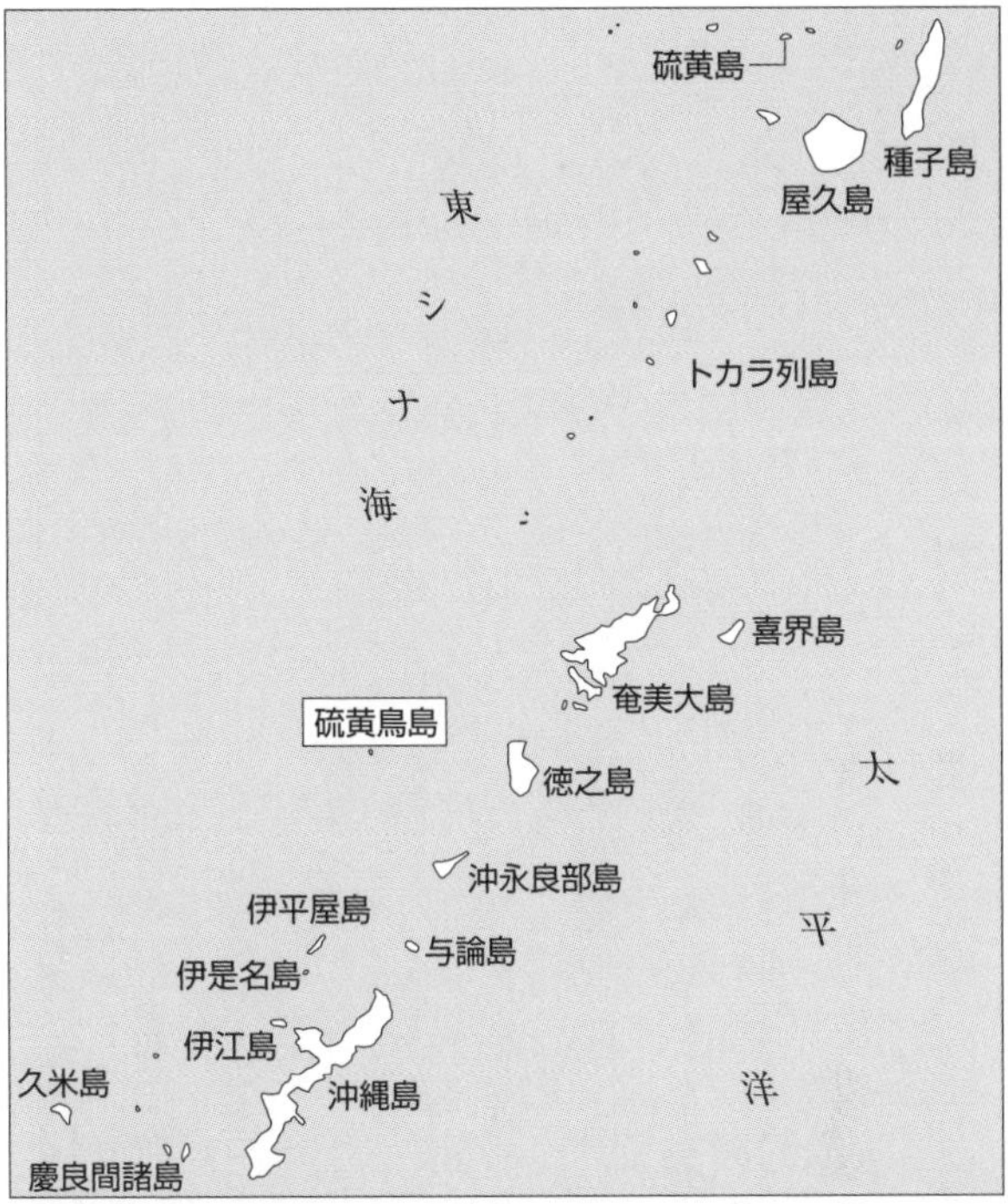

●──硫黄鳥島の位置

●──硫黄鳥島の火口

された、上述の日本から西アジアにまたがる広大な海域アジアをつなぐ「硫黄の道」であったと考えられる。

これまでの火器技術をめぐる研究では、銃砲などの兵器の発達におもな関心が向けられる傾向があるように思われる。しかし、その方面ばかりでなく、このような兵器の発達を支えた基盤である、硫黄のような原材料物質の流通状況にも今後いっそうの関心が向けられてしかるべきであろう。そしておそらく、そこからまた火器技術史のあらたな側面がみえてくるのではないかと思う。

以上のような「硫黄の道」をめぐる状況は、その後の日本においては、十五・十六世紀の日明《にちみん》・日朝《にっちょう》貿易をとおして、おもに鹿児島の硫黄島《いおうじま》や大分の火山地帯で産出された硫黄が中国・朝鮮へ輸出され、そこで火薬の原料として使われ続けるというような展開をみせる。また、十五世紀前半に沖縄に成立した琉球《りゅうきゅう》王国からも、その領域内の「硫黄鳥島《いおうとりしま》」で産出される硫黄が中国に向けて大量に輸出され、やはり火薬原料として消費されていた。

このように、アジア東部の海域においては、日宋貿易の時期に成立した「硫黄の道」が、おそらく若干の変化をともないながらも、その後も長く存続していたのである。では、西側の東南アジア海域やインド洋海域では、その道はどのような歴史的変遷をたどったのであろうか。今後の解明が待たれる興味深い課題である。

これまで述べてきたように、九州南方の小さな島である硫黄島の歴史は、日宋貿易とその輸出品の硫黄を介して、中国大陸の歴史の動きとつながっていた。そしてさらに、その歴史は、中国と硫黄を介して、はるかに離れた西アジアの歴史の動きともつながっていたのである。

このような海を通じての幅広い歴史のつながりは、これまでの「日本史(国史)」研究の枠に閉じこもっていては、けっしてみえてこない。また、ほぼ日本・朝鮮半島・中国の範囲に限定されている観がある現在の「東アジア世界」史研究をもってしても、ほとんどみえてこないであろう。

そのような従来の研究の枠組みを越えて、よりダイナミックに歴史の連関をとらえていくためには、個々の研究者のいっそうの努力や意識の改革もさることながら、これまでの歴史学研究の専攻区分やそれと不可分の研究・教育体制の大胆な改編がぜひとも必要であるように思われるが、いかがであろうか。

亀井明徳さん追悼文集刊行会編『亀井明徳氏追悼・貿易陶磁研究等論文集』同刊行会, 2016年
山内晋次「海を渡る硫黄—14～16世紀前半の東アジア海域」鈴木英明編『中国社会研究叢書 21世紀「大国」の実態と展望7 東アジア海域から眺望する世界史—ネットワークと海域』明石書店, 2019年
山内晋次「火薬原料—硫黄流通からみた一一～一六世紀のユーラシア—」桃木至朗編『MINERVA世界史叢書5 ものがつなぐ世界史』ミネルヴァ書房, 2021年
山内晋次「日宋・日元貿易期における『南島路』と硫黄交易」『国立歴史民俗博物館研究報告』223, 2012年
劉旭『中国古代火薬火器史』大象出版社, 2004年
レイン,アンディ(沢田カヨ子訳)「重荷を背に——苦役する硫黄採取者」『地理』46－3, 2001年
Needham, Joseph. *Science and Civilization in China, vol. 5 : Chemistry and Chemical Technology, part. 7 : Military Technology ; the Gunpowder Epic*, Cambridge University Press, 1986.
Wheatley, Paul. "Geographical Notes on Some Commodities Involved in Sung Maritime Trade", *Journal of the Malayan Branch of the Royal Asiatic Society*, Vol. 32 : pt. 2, 1959.

●——写真所蔵・提供者一覧(敬称略, 五十音順)

岩波写真文庫『忘れられた島』　p. 46下
大阪市立海洋博物館　なにわの海の時空館　p. 9
大村次郷　扉
沖縄県教育委員会　p. 84下, 85
国立大学法人九州大学附属図書館　p. 46上
堺市文化財課　p. 57下
東京大学史料編纂所　p. 57上左
三島村　p. 45
家島彦一　p. 80
四日市康博　p. 77

代：1390-1683」『九州大学東洋史論集』34, 2006年
宋応星(藪内清訳注)『天工開物(東洋文庫130)』平凡社, 1969年
孫継民「火器発展史上的重要文献—新刊偽斉阜昌三年(1132)文書解読」『敦煌吐魯番研究』10(上海古籍出版社), 2007年
高橋公明「文学空間のなかの鬼界ヶ島と琉球」『立教大学日本学研究所年報』1, 2002年
田口勇・尾崎保博編『みちのくの金——幻の砂金の歴史と科学』アグネ技術センター, 1995年
テンプル, ロバート(牛山輝代訳)『改訂新版 図説 中国の科学と文明』河出書房新社, 2008年
杜秀榮・唐建軍(主編)『中国地図集』中国地図出版社, 2004年
ニーダム, ジョセフ(牛山輝代訳・藪内清解説)『中国科学の流れ』思索社, 1984年
深澤秋人「近世琉球における朝貢品硫黄の精錬と集積—1840～50年代を中心に—」中琉歴史会議論文集編輯委員会編『第十届中琉歴史関係学術会議論文集』中琉文化経済協会(台北), 2007年
松田壽男『古代天山の歴史地理学的研究(増補版)』早稲田大学出版部, 1970年
松田壽男「戎塩と人参と貂皮」日比野丈夫他編『東西文化の交流Ⅰ(松田壽男著作集3)』六興出版, 1987年
マルコ＝ポーロ(愛宕松男訳注)『東方見聞録2(東洋文庫183)』平凡社, 1971年
宮原兎一「十四・五・六世紀朝鮮における火薬」東京教育大学東洋史学研究室編『東洋史学論集』清水書院, 1953年
村井章介「鬼界が島考—中世国家の西境—」『別府大学アジア歴史文化研究所報』17, 2000年
村井章介『境界をまたぐ人びと(日本史リブレット28)』山川出版社, 2006年
家島彦一「カーリミー商人による海上交易」同『海域から見た歴史——インド洋と地中海を結ぶ交流史』名古屋大学出版会, 2006年
山内晋次『奈良平安期の日本とアジア』吉川弘文館, 2003年
山内晋次「東アジア海域論」大津透他編『岩波講座日本歴史20 地域論』岩波書店, 2014年
山内晋次「宋代温州に漂着した日本船—『硫黄の道』研究のひとこま—」

●――参考文献

池田榮史編『古代中世の境界領域　キカイガシマの世界』高志書院, 2008年

井澤英二『よみがえる黄金のジパング(岩波科学ライブラリー 5)』岩波書店, 1993年

伊藤幸司「〈史料紹介〉妙智院所蔵『天文十二年後渡唐方進貢物諸色注文』」『市史研究 ふくおか』1, 2006年

伊藤幸司「硫黄使節考―日明貿易と硫黄」『アジア遊学132 東アジアを結ぶモノ・場』勉誠出版, 2010年

岩波書店編集部編『硫黄の話(岩波写真文庫116)』岩波書店, 1954年

岩波書店編集部編『忘れられた島(岩波写真文庫148)』岩波書店, 1955年

江原幸雄編著『中国大陸の火山・地熱・温泉―フィールド調査から見た自然の一断面―(KUARO叢書 2)』九州大学出版会, 2003年

王曽瑜『宋朝兵制初探』中華書局, 1983年

岡野武雄「韓国の非金属鉱物資源(1)」『地質ニュース』402, 1988年

沖縄県文化振興会編『沖縄県史 資料編13 硫黄鳥島』沖縄県教育委員会, 2002年

鹿毛敏夫『アジアのなかの戦国大名―西国の群雄と経営戦略』吉川弘文館, 2015年

鹿毛敏夫編『硫黄と銀の室町・戦国』思文閣出版, 2021年

金柄夏『李朝前期対日貿易研究』財団法人韓国研究院, 1969年

栗山保之「13世紀の紅海交易―エジプトからイエメンへ輸出された商品の分析を中心として―」『東洋学報』90－2, 2008年

小葉田淳『金銀貿易史の研究』法政大学出版局, 1976年

サアディー(蒲生礼一訳)『薔薇園(グリスターン)　イラン中世の教養物語(東洋文庫12)』平凡社, 1964年

斯波義信『宋代商業史研究』風間書房, 1968年

斯波義信「綱首・綱司・公司：ジャンク商船の経営をめぐって」森川哲雄・佐伯弘次編『内陸圏・海域圏交流ネットワークとイスラム』櫂歌書房, 2006年

須藤定久(訳)「資料　中国の非金属鉱物資源―中国鉱産資源図説明書(抄訳)―」『地質ニュース』485, 1995年

スン＝ライチェン(孫来臣, 中島楽章訳)「東部アジアにおける火器の時

日本史リブレット75

日宋貿易《にっそうぼうえき》と「硫黄《いおう》の道《みち》」

2009年８月25日　１版１刷　発行
2022年７月31日　１版４刷　発行

著者：山内晋次《やまうちしんじ》

発行者：野澤武史

発行所：株式会社 山川出版社

〒101－0047　東京都千代田区内神田１－13－13
電話　03(3293)8131(営業)
　　　03(3293)8135(編集)
https://www.yamakawa.co.jp/
振替　00120-9-43993

印刷所：明和印刷株式会社

製本所：株式会社 ブロケード

装幀：菊地信義

Printed in Japan ISBN 978-4-634-54687-5

日本史リブレット　第Ⅰ期［68巻］・第Ⅱ期［33巻］　全101巻